essentials

Essentials liefern aktuelles Wissen in konzentrierter Form. Die Essenz dessen, worauf es als „State-of-the-Art" in der gegenwärtigen Fachdiskussion oder in der Praxis ankommt. *Essentials* informieren schnell, unkompliziert und verständlich

- als Einführung in ein aktuelles Thema aus Ihrem Fachgebiet
- als Einstieg in ein für Sie noch unbekanntes Themenfeld
- als Einblick, um zum Thema mitreden zu können

Die Bücher in elektronischer und gedruckter Form bringen das Fachwissen von Springerautor*innen kompakt zur Darstellung. Sie sind besonders für die Nutzung als eBook auf Tablet-PCs, eBook-Readern und Smartphones geeignet. *Essentials* sind Wissensbausteine aus den Wirtschafts-, Sozial- und Geisteswissenschaften, aus Technik und Naturwissenschaften sowie aus Medizin, Psychologie und Gesundheitsberufen. Von renommierten Autor*innen aller Springer-Verlagsmarken.

Rüdiger Maas · Hartwin Maas

Jugendwahlstudie Ostdeutschland

Über ein neues Verständnis von Politik, Extremismus und Gemeinschaft

Rüdiger Maas
Institut für Generationenforschung
Augsburg, Bayern, Deutschland

Hartwin Maas
Institut für Generationenforschung
Augsburg, Bayern, Deutschland

ISSN 2197-6708   ISSN 2197-6716 (electronic)
essentials
ISBN 978-3-658-47180-4   ISBN 978-3-658-47181-1 (eBook)
https://doi.org/10.1007/978-3-658-47181-1

Die Deutsche Nationalbibliothek verzeichnet diese Publikation in der Deutschen Nationalbibliografie; detaillierte bibliografische Daten sind im Internet über https://portal.dnb.de abrufbar.

© Der/die Herausgeber bzw. der/die Autor(en), exklusiv lizenziert an Springer Fachmedien Wiesbaden GmbH, ein Teil von Springer Nature 2025

Das Werk einschließlich aller seiner Teile ist urheberrechtlich geschützt. Jede Verwertung, die nicht ausdrücklich vom Urheberrechtsgesetz zugelassen ist, bedarf der vorherigen Zustimmung des Verlags. Das gilt insbesondere für Vervielfältigungen, Bearbeitungen, Übersetzungen, Mikroverfilmungen und die Einspeicherung und Verarbeitung in elektronischen Systemen.
Die Wiedergabe von allgemein beschreibenden Bezeichnungen, Marken, Unternehmensnamen etc. in diesem Werk bedeutet nicht, dass diese frei durch jede Person benutzt werden dürfen. Die Berechtigung zur Benutzung unterliegt, auch ohne gesonderten Hinweis hierzu, den Regeln des Markenrechts. Die Rechte des/der jeweiligen Zeicheninhaber*in sind zu beachten.
Der Verlag, die Autor*innen und die Herausgeber*innen gehen davon aus, dass die Angaben und Informationen in diesem Werk zum Zeitpunkt der Veröffentlichung vollständig und korrekt sind. Weder der Verlag noch die Autor*innen oder die Herausgeber*innen übernehmen, ausdrücklich oder implizit, Gewähr für den Inhalt des Werkes, etwaige Fehler oder Äußerungen. Der Verlag bleibt im Hinblick auf geografische Zuordnungen und Gebietsbezeichnungen in veröffentlichten Karten und Institutionsadressen neutral.

Springer VS ist ein Imprint der eingetragenen Gesellschaft Springer Fachmedien Wiesbaden GmbH und ist ein Teil von Springer Nature.
Die Anschrift der Gesellschaft ist: Abraham-Lincoln-Str. 46, 65189 Wiesbaden, Germany

Wenn Sie dieses Produkt entsorgen, geben Sie das Papier bitte zum Recycling.

Was Sie in diesem *essential* finden können

- Exklusive Einblicke in die politische Einstellung der Erstwählerkohorte in (Ost-)Deutschland
- Die Darstellung methodischer Herangehensweisen
- Wissenschaftlich fundierten Einblick in die Lebenswelt junger Wähler

Inhaltsverzeichnis

1	**Einleitung**	1
	1.1 Ost- und westdeutsche Perspektiven	2
	1.2 Erklärungsansätze für den Rechtsruck bei jungen Menschen	3
2	**Methoden**	7
	2.1 Stufe 1: Qualitative Interviews	7
	2.2 Stufe 2: Quantitative Befragung	8
	2.3 Stufe 3: Qualitative Validierung	8
	2.4 Soziodemografische Daten der Befragten	9
3	**Ergebnisse**	11
	3.1 Angegebenes Wahlverhalten	11
	3.1.1 Unterschiede zwischen den Geschlechtern	13
	3.1.2 Unterschiede zwischen Stadt und Land	13
	3.1.3 Gefühlte soziale Ungleichheit zwischen Ost und West ...	18
	3.1.4 Informationsquellen	20
	3.2 Neue Parteienwahrnehmung	20
	3.2.1 Starkes Interesse an Extremen	21
	3.2.2 Politische Neukalibrierung	21
	3.2.3 Politische Vorbilder	22
	3.2.4 Aufstieg der AfD und Abstieg der Grünen	23
	3.3 Neue inhaltliche Schwerpunkte und Sorgen bei jungen Wählern	24
	3.3.1 Migration	25
	3.3.2 Klimawandel und Umwelt	25
	3.3.3 Zukunftssorgen, Misstrauen und Unsicherheiten junger Menschen	26

	3.4	Herabsetzung des Wahlalters auf 16 Jahre	27
		3.4.1 Fehlendes Interesse und fehlender Tiefgang	28
		3.4.2 Schnelle Meinungsänderung	29
4	Erklärungsansätze		31
	4.1	Verantwortungsübertragung auf den Staat	31
		4.1.1 Unzufriedenheit	32
		4.1.2 Mangelndes Demokratieverständnis	33
		4.1.3 Überbehütung und erlernte Hilflosigkeit	34
	4.2	Die Rolle von Social Media	35
	4.3	Sozialisation	36
5	Fazit		39
6	7 Handlungsempfehlungen		41
	6.1	Lokale Vernetzung und Partizipation	41
	6.2	Offene Räume für Austausch und aktive Teilhabe	42
	6.3	Deliberative Demokratie: Eine neue Form der Bürgerbeteiligung	42
	6.4	Politische Bildung	43
	6.5	Die Wahl-App	43
	6.6	Analoges Engagement	44
	6.7	Quo Vadis – was in Zukunft relevant sein wird	44
7	Das Institut für Generationenforschung		45
Was Sie aus diesem *essential* mitnehmen können			47
Literatur			49

Über die Autoren

Dr. Dipl.-Psych. Rüdiger Maas, M.Sc.
Psychologe, Generationenforscher
Leiter des Instituts für Generationenforschung
Wissenschaftlicher Beirat in der Stiftung für die Rechte zukünftiger Generationen

Dipl.-Wirt.-Ing. Hartwin Maas, MIB
Wirtschaftsingenieur, Zukunftsforscher
Leiter des Instituts für Generationenforschung
Institut für Generationenforschung
Theaterstraße 8
86152 Augsburg
presse@generation-thinking.de
www.generation-thinkingh.de

Einleitung 1

Die politische Landschaft in Deutschland scheint sich in den vergangenen Jahren stark zu verändern, insbesondere in Bezug auf junge Wähler. Die Partei Bündnis 90/Die Grünen wird von jungen Menschen bei ihrer Wahlentscheidung zunehmend weniger in Betracht gezogen, während Parteien wie die Alternative für Deutschland (AfD) oder das Bündnis Sahra Wagenknecht (BSW) deutlich erstarken.

Vor dem Hintergrund dieser Beobachtung möchte die Jugendwahlstudie 2024 des Instituts für Generationenforschung ein tiefgreifendes Verständnis darüber erlangen, worauf diese Entwicklung zurückzuführen ist und welche Faktoren junge Menschen dazu bewegen, bei ihrer Wahlentscheidung vermehrt Parteien wie AfD und BSW in Erwägung zu ziehen.

Es ist nach nun drei Dekaden Wiedervereinigung nicht ohne weiteres verständlich von ‚dem Osten' und ‚dem Westen' als feststehende Einheiten zu sprechen. Dass es beides seit 1990 nicht mehr gibt, ist historisch betrachtet, nicht zu bestreiten. Dennoch zeigt die vorliegende Jugendwahlstudie 2024 OST 2024 – neben anderen Studien –, dass auch nach dem Mauerfall eine Einteilung in Ost und West kollektiv bestehen blieb. Diese verweist nicht auf eine eindimensionale geografisch-nationalstaatliche, sondern auf eine spezifisch sozio-historische Unterscheidung, die bis heute in den Köpfen der Deutschen anhält. Damit wird die Ost-West-Differenzierung in ihrer Selbstverständlichkeit in der wiedervereinigten Gesellschaft stetig reproduziert und beeinflusst nicht nur politisches Handeln, sondern auch individuelle Zugehörigkeiten, Identitäten und Einstellungen. Besonders letzteres möchte die Jugendwahlstudie OST 2024 empirisch mit Fokus auf junge Menschen erhellen und einen fundierten Beitrag zur Debatte um jugendliches Wahlverhalten und Radikalisierungstendenzen leisten.

© Der/die Autor(en), exklusiv lizenziert an Springer Fachmedien Wiesbaden GmbH, ein Teil von Springer Nature 2025
R. Maas und H. Maas, *Jugendwahlstudie Ostdeutschland*, essentials,
https://doi.org/10.1007/978-3-658-47181-1_1

1.1 Ost- und westdeutsche Perspektiven

Mehr als 30 Jahre nach der deutschen Wiedervereinigung haben sich Ost- und Westdeutschland in einigen sozialen und wirtschaftlichen Bereichen angenähert. So zeigen Studien wie der Deutschland-Monitor 2023, dass es kaum noch Unterschiede in der Bewertung der Lebensqualität gibt. Auch das Rentenniveau nähert sich weiter an und soll laut Prognose der Deutschen Rentenversicherung bis 2025 vollständig gleichgestellt sein. Dennoch bleibt die Wahrnehmung großer Unterschiede in Ostdeutschland bestehen, insbesondere in Bezug auf politische Vernachlässigung und wirtschaftliche Ungleichheiten. So fühlen sich etwa doppelt so viele Ostdeutsche (19 %) wie Westdeutsche (8 %) abgehängt, und ökonomische Analysen zeigen weiterhin deutliche Einkommens- und Armutsunterschiede zwischen den Regionen (Zentrum für Sozialforschung Halle 2024). Auch die Hans-Böckler-Stiftung kommt in einer Analyse der ökonomischen und sozialen Situation in Ostdeutschland (2024) zu dem Ergebnis, dass es weiterhin ökonomische, soziale und politische Unterschiede zwischen West- und Ostdeutschland gibt. Diese Analyse zeigt, dass Beschäftigte im Osten bei gleicher Qualifikation 14 % weniger verdienen. Deutliche Unterschiede seien auch bei der Verteilung von Armut und Reichtum zu sehen: 39 % der Personen, die weniger als 60 % des mittleren Einkommens zur Verfügung haben, leben in den neuen Ländern, obwohl dort nur ein Fünftel der Gesamtbevölkerung beheimatet ist. Dagegen leben 95 % der dauerhaft Einkommensreichen in Westdeutschland (ebd.).

Es stellt sich nun die Frage, ob sich aus diesen ökonomischen Unterschieden eine spezifisch ostdeutsche Identität ableiten lässt. In der Literatur besteht weitgehend Einigkeit darüber, dass es eine ostdeutsche Identität vor den 1989/90er Jahren nicht gab, sondern sich erst im Zuge des deutschen Vereinigungsprozesses herausgebildet hat. Der Soziologe Raj Kollmorgen erläutert dies so:

„Die Fremd- und die Selbstwahrnehmung als Ostdeutsche hat sich erst nach 1990 herausgebildet. Als klar wurde, dass die Wiedervereinigung schwieriger werden würde als gedacht. Als Menschen aus Ostdeutschland massenhaft ihre Arbeit verloren haben oder ihnen westdeutsche Chefs vorgesetzt wurden, als sie in Medien als faul und vormodern beschrieben wurden. Identitäten formieren sich immer dann besonders intensiv und werden wirkmächtig, wenn sie bedroht erscheinen und soziale Desintegration herrscht." (Schulz 2018).

Lars Vogel und Julia Leser (2020) kommen in ihrem Beitrag „Ostdeutsche Identität(en) im Wandel? Perspektiven für Intra- und Interkohortenvergleiche" zu dem Schluss, dass der zentrale Ausgangspunkt für die Identifizierung als *ostdeutsch* nach wie vor eine wahrgenommene Abwertung Ostdeutschlands ist. Die Reaktionen auf diese Abwertung seien jedoch heterogen: Manche zielen auf eine

Aufwertung ihrer kollektiven Identität durch Umdeutung ab und beziehen sich dabei auf kollektivistische Werte oder die gelungene Bewältigung der Systemtransformation. Andere lehnen die Klassifizierung in Ost und West als überholt und illegitim ab und damit auch die Identifikation als *ostdeutsch* (ebd.). Auch im medialen Diskurs stellt *Ost versus West* eine „feste symbolische Ordnungs- und Abgrenzungskategorisierung" dar (Rippl et al. 2018). Diese Kategorisierung ist emotional und symbolisch stärker aufgeladen als die Unterscheidung zwischen Nord und Süd. Der Sozialwissenschaftler Daniel Kubiak spricht von einer andauernden diskursiven Abwertung, wenn es etwa um die wirtschaftliche Leistungsfähigkeit des Ostens oder die unterstellte unterentwickelte, demokratische Zivilgesellschaft geht (Kubiak 2018).

Der Thüringen-Monitor 2023 stellt eine signifikante Ost-Deprivation fest. Viele haben den Eindruck, dass sie als Ostdeutsche im Vergleich mit anderen weniger als den gerechten Anteil erhalten und zugleich von Westdeutschen als ‚Menschen zweiter Klasse' behandelt werden (Thüringen Monitor 2023). Die Konstruktion des *Ostdeutschen* findet somit im Modus einer kollektiven Unterprivilegierung statt. Wenn die Konstruktion einer ostdeutschen Identität erst nach 1989 erfolgte, dann steht die Ausbildung dieser Identität in einem engen Zusammenhang mit den Transformationserfahrungen. Es ist eine Abgrenzungsidentität, die man als einen Akt der Selbstbehauptung gegenüber dem Westen interpretieren kann (Pollack 1998). Da das Selbstverständnis einer Mehrheit von Ostdeutschen als benachteiligte Bevölkerungsgruppe auch jenseits eigener Erfahrungswerte existiert (Schönian 2020), kann durchaus von einer kollektiven Vorstellung ostdeutscher Identität gesprochen werden, auch wenn naturgemäß nicht alle Ostdeutschen diese Vorstellung teilen.

Angesichts der auch Jahrzehnte nach der deutschen Wiedervereinigung fortbestehenden ökonomischen Unterschiede und der Herausbildung einer ostdeutschen Identität ist es sinnvoll, auch die Ergebnisse der Jugendwahlstudie OST 2024 bezüglich der Unterschiede zwischen ost- und westdeutschen Befragten einzuordnen.

1.2 Erklärungsansätze für den Rechtsruck bei jungen Menschen

Die vorliegende Jugendwahlstudie OST 2024 konzentriert sich auf die politischen Einstellungen und das Wahlverhalten junger Menschen. Diese scheinen den letzten Jahren politisch nach rechts gerückt zu sein. Bei der Europawahl 2024 erreichte die AfD bei den 16- bis 24-Jährigen elf Prozentpunkte mehr als bei der

Wahl davor. Die Grünen verloren hingegen 23 Prozentpunkte. Es stellt sich die Frage, wie diese Entwicklung unter der jungen Generation erklärt werden kann. Zunächst ist zu betonen, dass Rechtspopulismus kein Phänomen ist, welches ausschließlich in den gesellschaftlichen Randbereichen zu finden ist. Dies zeigt zum Beispiel die aktuelle Studie der Friedrich-Ebert-Stiftung „Die distanzierte Mitte. Rechtsextreme und demokratiegefährdende Einstellungen in Deutschland 2022/23" (2023). Rechtspopulismus wird als „Anti-Establishment-Haltung" verstanden, in der die Gegenüberstellung von ‚Volk' und ‚Elite' zentral ist. Das ‚Volk' allerdings besteht nicht aus der demokratischen Mehrheit; vielmehr erfolgt „die Konstruktion eines homogenen ‚Volkes' und die Konstruktion der Bedrohung des Volkswillens durch – zumeist fremde – ‚Eliten'" (Decker 2018, S. 29). Die Mitte-Studie kommt zu dem Ergebnis, dass ein erheblicher Teil der Befragten verschwörungsgläubige (38 %), populistische (33 %) und völkisch-autoritär-rebellische (29 %) Positionen vertritt (Zick et al. 2023). Zudem zeigen sich sozial-strukturelle Unterschiede. Rechtspopulistische Einstellungen sind unter Personen, die überwiegend im Osten aufgewachsen sind, und unter Männern stärker verbreitet (Zick et al. 2023). Die Mitte-Studie belegt somit, dass Rechtspopulismus und Rechtsextremismus auch innerhalb der Mitte der Gesellschaft Anklang finden.

In der einschlägigen Literatur finden sich verschiedene Ansätze dafür, warum Menschen rechtspopulistische Einstellungen haben. Eine Übersicht gibt beispielsweise die Hans-Böckler-Stiftung: „Aufstieg des Rechtspopulismus: Erklärungsansätze und Analysen" (2024). Demnach müsse bei Erklärungsansätzen für den Aufstieg rechtspopulistischer bzw. rechtsextremer Parteien und Bewegungen unterschieden werden zwischen ökonomischen Ansätzen und solchen, die kulturelle Konflikte ins Zentrum rücken (ebd.). Zwar finden sich unter den AfD-Wählern viele Personen aus der unteren Einkommensschicht (hier definiert mit weniger als 70 % des mittleren Einkommens), allerdings spiele Statusbedrohung noch eine wichtigere Rolle bei den ökonomischen Ansätzen: Es gehe oft weniger um die reale Erfahrung sozialer Ausgrenzung, sondern eher um die Angst vor (weiteren) Verlusten (ebd.). AfD-Wähler und Befragte, die rechtspopulistische Einstellungen teilen, ordnen sich unabhängig von ihrem realen Einkommen in der Gesellschaft eher niedrig ein und erlebten – im Vergleich zu ihren Eltern – häufiger einen sozialen Abstieg. Die subjektive Wahrnehmung von Bürgern, die anfällig für Rechtspopulismus sind, sei durch persönliche Zurücksetzung geprägt (ebd.).

Einen ähnlichen Ansatz verfolgen auch Florian R. Hertel und Frederike Esche (2019) in ihrem Beitrag „Die rechte Mitte? Zur Rolle objektiver Position und subjektiver Verunsicherung für die Identifikation mit rechten Parteien". Sie kommen

1.2 Erklärungsansätze für den Rechtsruck bei jungen Menschen

zu dem Schluss, dass Personen umso wahrscheinlicher zu rechten Parteien neigen, je ausgeprägter ihre subjektiv wahrgenommene Verunsicherung ist (Hertel und Esche 2019). Dies gilt sowohl für selbstbezogene, gesellschaftsbezogene als auch für emotionale Verunsicherung. Die selbstbezogene Sorge befördert Sympathien für rechte Positionen unabhängig von der objektiven gesellschaftlichen und wirtschaftlichen Position. Die gesellschaftsbezogene Verunsicherung beschreibt eine Überforderung und den Zwang zur Selbstkontrolle durch eine Liberalisierung der Gesellschaft. Die dritte Dimension (emotionale Verunsicherung) zeigt auf, dass die zunehmende Individualisierung von biografischen Erfolgen einerseits und persönlichem Versagen andererseits dazu führt, dass Angst vor Statusverlust individuell über Ressentiments in Wut und Zorn gegen Fremdgruppen umgewandelt wird (ebd.). Die Autoren gehen außerdem der Frage nach, wie der Widerspruch zwischen gefühltem Abstieg und tatsächlicher wirtschaftlicher Lage aufgelöst werden kann. Sie merken an, dass der Erfolg der AfD zu einer Zeit einsetzt, in der makroökonomische Indizes für Arbeitsmarkt und Wirtschaft kaum besser sein könnten (ebd.). Zudem wird die Partei hauptsächlich von Menschen gewählt, die sich als Modernisierungsverlierer sehen und Angst vor einem Statusverlust haben. Dieser augenscheinliche Widerspruch basiere jedoch auf einem sog. ökologischen Fehlschluss, einem Phänomen, bei dem falsche Schlussfolgerungen über individuelle Zusammenhänge auf Basis von gruppenbezogenen Daten gezogen werden. Im konkreten Fall besteht der Fehlschluss darin, eine individuelle rechte Wahlentscheidung oder Parteiidentifikation direkt aus gesellschaftlichen Aggregatzuständen (wirtschaftliche Lage) abzuleiten (ebd.).

Die Autoren fassen die Gründe für Sympathien rechter Parteien so zusammen: Es handelt sich hauptsächlich um Modernisierungsverlierer, die – bedroht von wahrgenommenen Statuskämpfen und Prestigeverlusten – selbstbezogene Sorgen erleiden (ebd.). Ihre prekären Identitäten sind von gesellschaftsbezogenen Sorgen um die Eigengruppe gekennzeichnet und stabilisieren sich durch ablehnende Einstellungen gegenüber Fremdgruppen.

Ein zweiter möglicher Erklärungsansatz besteht laut der Hans-Böckler-Stiftung (2024) darin, den Rechtspopulismus vor allem als Ausdruck einer kulturellen Konfliktlinie zu sehen. Es wird davon ausgegangen, dass die gesellschaftliche Modernisierung, z. B. im Bereich der Familien-, der Umwelt- oder der Migrationspolitik, für Auseinandersetzungen sorgt. Wesentliche Triebfeder des Rechtspopulismus sei demnach das Gefühl einer Deklassierung, die nicht (nur) auf sozialen, sondern vor allem auf kulturellen Erfahrungen fußt (ebd.). Damit scheinen sich gesellschaftliche Konflikte stärker als im industriellen Zeitalter auf eine symbolische bzw. kulturelle Ebene verlagert zu haben (Reckwitz 2018). Diese Annahme einer neuen gesellschaftlichen Konfliktlinie wird häufig mit der empirischen Beobachtung begründet, dass rechtspopulistische und rechtsradikale Parteien von allen gesellschaftlichen Milieus – und eben nicht nur den unteren gesellschaftlichen Schichten – unterstützt würden (Vehrkamp und Wegschaider 2017). Während sozialstrukturelle Charakteristika, wie etwa Bildungshintergrund oder soziale Schicht, nur eine geringe Erklärungskraft in Bezug auf die Wahl rechtspopulistischer Parteien hätten, könne die Haltung zu kulturellen Fragen, wie z. B. der Migration, sehr viel besser erklären, warum Menschen zu rechtspopulistischen oder rechtsextremen Einstellungen neigen (Lengfeld 2017). Ein weiterer Einwand gegen den ökonomischen Erklärungsansatz ist, dass dieser implizit davon ausgeht, dass es den Anhänger*innen und Wähler*innen rechtspopulistischer und rechtsradikaler politischer Bewegungen und Parteien gar nicht um das jeweilige politische Programm gehe, sondern letztlich um Verteilungsfragen. Koppetsch (2019, S. 100) sieht darin die Gefahr einer Verharmlosung:

„Das Argument, die Rechtsparteien seien in Wirklichkeit gar nicht rechts […] und würden in Wirklichkeit einer Agenda der sozialen Benachteiligung folgen, erscheint in diesem Zusammenhang apologetisch. Es spricht den Anhängern zudem eine politische Urteilsfähigkeit ab und neutralisiert ihre politischen und gesellschaftlichen Ansichten."

Es habe sich eine neue horizontale gesellschaftliche Konfliktlinie ergeben zwischen denjenigen, „die Resonanz und Anerkennung erfahren sowie Selbstgewissheit ausstrahlen, weil sie über ihre Existenzbedingungen verfügen können, und denjenigen, deren Selbstgewissheiten und Kontrollmöglichkeiten bedroht sind oder den Zugriff darauf verloren haben" (Koppetsch 2019, S. 27).

Diese Spaltung eröffne neue Spielräume für rechtspopulistische oder rechtsextreme Parteien, weil sie auf der Ebene der politischen Repräsentation bislang keine Entsprechung fand. Die Trennung verlaufe zudem quer zum etablierten links-rechts-Schema und damit auch inmitten der beiden Volksparteien CDU und SPD (Hans-Böckler-Stiftung 2024). Somit entstehe hier eine Lücke oder Uneindeutigkeit in der politischen Repräsentation, die von den genannten neuen politischen Akteuren gefüllt werde (Zürn 2018; Merkel 2016). Zudem machen rechte Parteien all jenen Milieus, die sich durch die angenommene kosmopolitische liberale Hegemonie deklassiert fühlen, ein politisches Angebot. Insbesondere das von Rechten bespielte Migrations- bzw. Anti-Islamthema sowie das Genderthema eigneten sich hier als politische Klammer (Hans-Böckler-Stiftung 2024).

Methoden 2

Die Kombination unterschiedlicher Zugänge zu den Gegenständen empirischer Forschung erfreut sich in letzter Zeit wachsender Beliebtheit (Flick 2001). Dies liegt zum Beispiel daran, dass viele Lebenssituationen so komplex geworden sind, dass ihre Analyse von der Verbindung mehrerer methodischer Ansätze profitiert. Dafür muss die strikte Trennung zwischen qualitativen und quantitativen Methoden überwunden werden. Sie können stattdessen als „komplementär" (Jick 1983, S. 135) betrachtet werden.

Auch für die Jugendwahlstudie OST 2024 wurde ein Mixed-Methods-Ansatz gewählt. Die Verbindung von qualitativen und quantitativen Methoden in Form der Methodentriangulation ermöglicht es, ein umfassendes Verständnis für den jeweiligen Forschungsgegenstand zu erhalten (Kelle 2014), im Fall der vorliegenden Studie für die Wünsche, Hoffnungen und Ängste von Erstwählern. Methodentriangulation bedeutet dabei keine „naiv-pragmatische Kombination von Methoden" (Flick 2001, S. 16), sondern eine kontinuierliche Überprüfung von methodischen Entscheidungen und ihrer Angemessenheit.

Die Jugendwahlstudie OST 2024 ist repräsentativ für 16 bis 25-Jährige in Deutschland. Die Fehlertoleranz beträgt 5 %. Der Befragungszeitraum reichte von Anfang Juli bis Mitte September 2024.

2.1 Stufe 1: Qualitative Interviews

Zu Beginn der Studie wurden 30 qualitative Interviews mit Jugendlichen, jungen Erwachsenen, Lehrkräften und Jugendbetreuern durchgeführt, um tiefere Einblicke in die Gedanken und Gefühlswelten junger Menschen in Bezug auf aktuelle politische Themen zu erhalten (Anfang bis Mitte Juli 2024). Die Erkenntnisse aus diesen Interviews ermöglichten es in einem nächsten Schritt, Konzepte und erste Hypothesen zu bilden, auf deren Grundlage eine breit angelegte quantitative Befragung (Schritt 2, Beginn 22.07.2024) stattfand.

2.2 Stufe 2: Quantitative Befragung

Auf Basis der Erkenntnisse aus den Interviews sowie Studien anderer Institute wurde ein umfangreicher Fragebogen erstellt. Dieser ging am 22.07.2024 in die Fläche und ermöglichte es, die Aussagen und Hypothesen aus den qualitativen Interviews statistisch zu überprüfen. Insgesamt nahmen 870 Personen zwischen 16 und 25 Jahren an der Befragung teil.

2.3 Stufe 3: Qualitative Validierung

In einem dritten Schritt wurden die Teilnehmenden mit den Ergebnissen aus Stufe 2 konfrontiert. Hierfür gingen die Mitarbeitenden des Instituts für Generationenforschung direkt in die Gemeinden, auf die Straßen der Dörfer und Städte und sprachen mit den potenziellen Wählern vor Ort. Es wurden insgesamt 206 Interviews zur Validierung der Ergebnisse geführt, davon 102 vor den Wahlen in Thüringen und Sachsen und 104 vor den Wahlen in Brandenburg. Die Besonderheit der Wahlen in Brandburg lag darin, dass erstmals bereits ab dem 16. Lebensjahr gewählt werden darf.

Mithilfe des beschriebenen Vorgehens konnten die vorher generierten, quantitativen Ergebnisse validiert werden, in den Kontext individueller Lebenswirklichkeiten von Jugendlichen und junger Erwachsene eingeordnet sowie potenzielle Erklärungsansätze gewonnen werden. Ziel der Validierung war also herauszufinden, wie junge Menschen auf die gewonnenen Studienergebnisse reagieren, konkret etwa wie ostdeutsche Befragte auf westdeutsche Kritik reagieren oder welche Unterschiede sich zwischen den Antworten einzelner Wählergruppen zeigen.

Darüber hinaus ist auch der wissenschaftliche und mediale Gewinn nicht zu vernachlässigen. Die Studie bietet in ihrer Form das Potenzial, konkrete Handlungsempfehlungen und Implikationen aus dem gewonnenen Datenmaterial zu generieren.

Tab. 2.1 Verteilung Geschlecht

Geschlecht	Prozent
Männlich	48,1 %
Weiblich	50,4 %
Divers	1,4 %

2.4 Soziodemografische Daten der Befragten

Insgesamt nahmen 1.106 Personen an der Studie teil. Hiervon gaben 558 Befragte (50,4 %) „weiblich", 532 (48,1 %) „männlich" und 16 (1,4 %) „divers" zu sein, siehe Tab. 2.1. Als höchsten Bildungsabschluss gaben 6,4 % Hauptschulabschluss bzw. Abschluss der Volks- oder Mittelschule an, 21,6 % Mittlere Reife, 50,8 % Hochschulreife bzw. Fachhochschulreife und 11,5 % ein abgeschlossenes Hochschulstudium an. 9,0 % der Befragten machte die Angabe, (noch) keinen Schulabschluss zu haben, siehe Tab. 2.3. 20,5 % der Befragten leben in einem Dorf (unter 5000 Einwohner), 17,5 % in einer Kleinstadt (unter 20.000 Einwohner), 24,8 % in einer Stadt (unter 100.000 Einwohner) und 20,5 % in einer Großstadt (über 100.000 Einwohner), siehe Tab. 2.2.

Tab. 2.2 Verteilung Wohnort

Wo wohnst du?	Prozent
Dorf (unter 5000 Einwohnern)	20,5 %
Kleinstadt (unter 20.000 Einwohnern)	17,5 %
Stadt (unter 100.000 Einwohnern)	24,8 %
Großstadt (über 100.000 Einwohnern)	20,5 %

Tab. 2.3 Verteilung Bildungsabschluss

Art des Bildungsabschlusses	Prozent
Hauptschule, Volks- und Mittelschule	6,4 %
Mittlere Reife	21,6 %
(Fach-)Hochschulreife	50,8 %
Abgeschlossenes Studium	11,5 %
(noch) kein Schulabschluss	9,0 %

Ergebnisse 3

Die Ergebnisse der Jugendwahlstudie OST 2024 zeigen eine junge Wählerschaft, deren politische Einstellungen geprägt sind von Sorgen und Ängsten in Bezug auf die Zukunft und einem Gefühl von Hoffnungslosigkeit. Es entsteht eine neue Generation an Wählern, die nicht nur orientierungslos scheint, sondern auch in gewisser Weise emotional aufgeladen. Viele fühlen sich von der aktuellen Regierung im Stich gelassen. Die zentralen Ergebnisse der Jugendwahlstudie OST 2024 werden im Folgenden ausführlich dargestellt. Dabei soll auf das generelle Wahlverhalten, auf die Parteienwahrnehmung und auf neue inhaltliche Schwerpunkte der jungen Menschen eingegangen werden. Auch soll die Herabsetzung des Wahlalters auf 16 Jahre thematisiert werden.

3.1 Angegebenes Wahlverhalten

Im Fragebogen der quantitativen Befragung wurden die Teilnehmer mit folgender Frage konfrontiert: „Wenn am Sonntag Wahl wäre, welche Partei würdest du wählen?" Die Ergebnisse sind in Abb. 3.1 aufgeführt. Unter allen Befragten schneiden die Parteien CDU/CSU und AfD am besten ab. Teilt man die Befragten in Ost- und Westdeutschland, zeigt sich eine Diskrepanz (siehe Abb. 3.2): Bei den befragten ostdeutschen Erstwählern wurde die AfD am häufigsten ausgewählt (19 %), im Westen die CDU/CSU (19 %), wohingegen hier die AfD nur von 9 % der Befragten angegeben wurde. Das umgekehrte Bild zeigt sich beim Bündnis 90/Die Grünen: 9 % der Befragten im Osten gaben an, diese Partei zu wählen, bei den Befragten im Westen wäre sie bei den Erstwählern zweitstärkste Kraft

© Der/die Autor(en), exklusiv lizenziert an Springer Fachmedien Wiesbaden GmbH, ein Teil von Springer Nature 2025
R. Maas und H. Maas, *Jugendwahlstudie Ostdeutschland*, essentials,
https://doi.org/10.1007/978-3-658-47181-1_3

(16 %). Die SPD erreicht im Osten nur 5 %. Im Westen käme sie auf 13 %. Mehr ostdeutsche als westdeutsche Befragte gaben an, die Linke zu wählen (12 % im Vergleich zu 5 % im Westen). Auch zwischen den Geschlechtern sind Unterschiede im Erstwahlverhalten erkennbar. Beispielsweise gaben mehr Männer als Frauen an, die AfD zu wählen (20 % vs. 10 %). Frauen gaben dagegen häufiger an, die Grünen zu wählen (Frauen: 14 %; Männer: 9 %).

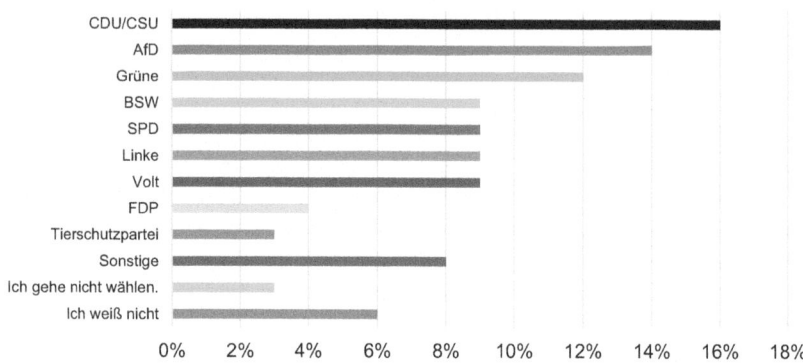

Abb. 3.1 Erstwählerverhalten insgesamt (n = 870)

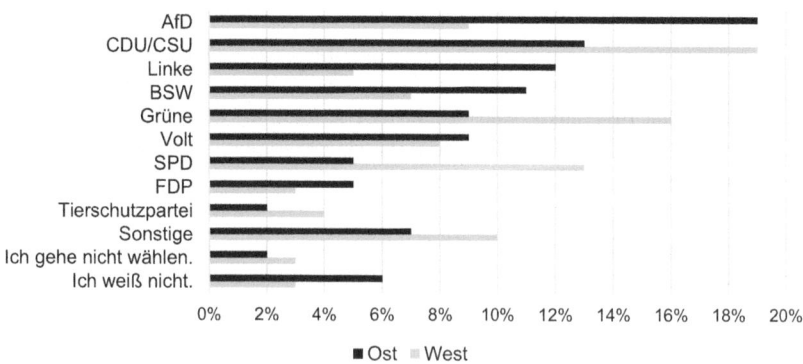

Abb. 3.2 Erstwählerverhalten Ost/West (Ost n = 446, West b = 420)

3.1.1 Unterschiede zwischen den Geschlechtern

Die Parteien AfD und CDU/CSU schneiden in der quantitativen Umfrage bei den männlichen Befragten besonders gut ab, die Grünen hingegen bei den Frauen (siehe Tab. 3.1). Bei den Parteien Volt und Die Linke gibt es kaum einen Unterschied.

Bei der Frage „Wo würdest du dich politisch einordnen" zeigen sich deutliche Unterschiede zwischen Männern und Frauen (siehe Abb. 3.3). Im Schnitt ordneten sich weibliche Befragte auf einer Skala von 0 = extrem links bis 100 = extrem rechts weiter links ein (M = 44) als männliche Befragte (M = 51). Der Einfluss des Geschlechts ist dabei signifikant. Das größte Potenzial, Verbesserungen zu bewirken, wird von den befragten Frauen bei den Grünen und der CDU gesehen, während die befragten Männer das größte Potenzial bei CDU und AfD sehen[1]. Weibliche Erstwählerinnen scheinen insgesamt sogar mehr aus dem Wunsch nach Verbesserung zu wählen als männliche Befragte. Jeweils über 60 % derjenigen, die in den Parteien Verbesserungspotenzial sehen, waren weiblich (bei BSW sogar 88 %).

Die befragten Männer und Frauen unterscheiden sich auch in ihrem Antwortverhalten hinsichtlich der Frage, ob sie sich wünschen, dass die AfD weniger rechts ist. Diese Frage wurde nur den Personen gestellt, die angaben, die AfD wählen zu wollen. 53 % der Männer und 74 % der Frauen befürworten den Rechtsruck der Partei.

Die befragten Männer interessieren sich insgesamt mehr für Politik. 57 % gaben an, sich (sehr) für Politik zu interessieren, bei den Frauen waren es 30 %.

Keinen signifikanten Unterschied zwischen weiblichen und männlichen Befragten gab es beispielsweise bei den spezifischen Themen, die besonders wichtig für die eigene Wahlentscheidung seien oder der Frage, welche Parteien ihnen Angst machen würden.

3.1.2 Unterschiede zwischen Stadt und Land

Die Ergebnisse der Jugendwahlstudie 2024 machen deutlich, dass es im Wahlverhalten junger Wähler in Ostdeutschland deutliche Unterschiede zwischen Stadt und Land gibt (siehe Tab. 3.2, 3.3 und 3.4). Die Unionsparteien und

---

[1] Unterschiedliche Parteien machen durch ihr Programm Angebote, die unterschiedlich attraktiv auf verschiedene Geschlechter wirken. So stärken beispielsweise konservative Parteien traditionell eher die Rechte von Männern, während progressive Parteien auf alle Geschlechter achten.

Tab. 3.1 Wahlverhalten aufgeteilt nach Geschlecht

Parteien	Ost männlich	West männlich	Männlich Ergebnis	Ost weiblich	West weiblich	Weiblich Ergebnis	Gesamt-ergebnis
AfD	26,7 %	12,3 %	20,1 %	14,3 %	6,7 %	10,4 %	14,1 %
BSW	9,3 %	2,7 %	6,3 %	12,8 %	9,6 %	11,2 %	9,4 %
Bündnis 90/Die *Grünen*	8,1 %	11,0 %	9,4 %	9,8 %	18,5 %	14,2 %	12,4 %
Bündnis C	0,0 %	4,1 %	1,9 %	0,0 %	0,0 %	0,0 %	0,7 %
CDU/CSU	16,3 %	26,0 %	20,8 %	11,3 %	14,8 %	13,1 %	15,9 %
Die Partei	3,5 %	2,7 %	3,1 %	4,5 %	1,5 %	3,0 %	3,0 %
Die *Basis*	0,0 %	0,0 %	0,0 %	0,0 %	0,7 %	0,4 %	0,2 %
FDP	3,5 %	0,0 %	1,9 %	6,8 %	4,4 %	5,6 %	4,2 %
Freie Wähler	3,5 %	1,4 %	2,5 %	1,5 %	0,7 %	1,1 %	1,6 %
Ich gehe nicht wählen	1,2 %	0,0 %	0,6 %	1,5 %	5,2 %	3,4 %	2,3 %
Ich weiß es nicht	5,8 %	4,1 %	5,0 %	4,5 %	6,7 %	5,6 %	5,4 %
Die Linke	10,5 %	4,1 %	7,5 %	12,0 %	5,2 %	8,6 %	8,2 %
MLPD	0,0 %	0,0 %	0,0 %	0,0 %	0,7 %	0,4 %	0,2 %
ÖDP	0,0 %	0,0 %	0,0 %	0,0 %	0,7 %	0,4 %	0,2 %
Partei der Rentner	0,0 %	1,4 %	0,6 %	0,0 %	0,0 %	0,0 %	0,2 %
Piraten	0,0 %	0,0 %	0,0 %	0,0 %	2,2 %	1,1 %	0,7 %

(Fortsetzung)

3.1 Angegebenes Wahlverhalten

Tab. 3.1 (Fortsetzung)

Parteien	Ost männlich	West männlich	Männlich Ergebnis	Ost weiblich	West weiblich	Weiblich Ergebnis	Gesamt-ergebnis
SPD	4,7 %	17,8 %	10,7 %	5,3 %	10,4 %	7,8 %	8,9 %
Tierschutzpartei	0,0 %	0,0 %	0,0 %	3,8 %	5,9 %	4,9 %	3,0 %
Volt	5,8 %	11,0 %	8,2 %	12,0 %	5,9 %	9,0 %	8,7 %
Werteunion	1,2 %	1,4 %	1,3 %	0,0 %	0,0 %	0,0 %	0,5 %
Gesamtergebnis	100 %	100 %	100 %	100 %	100 %	100 %	100 %

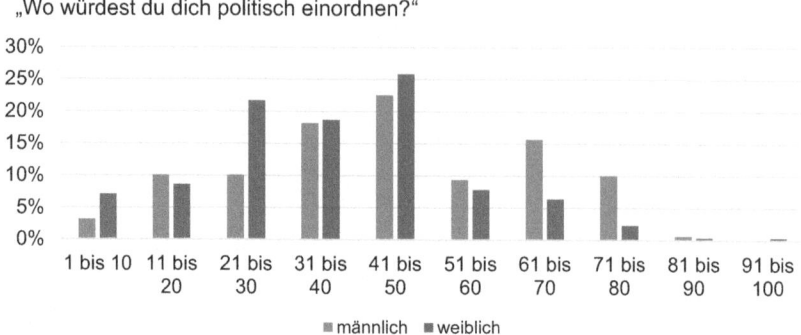

Abb. 3.3 Einordnung der Befragten in das politische Links-rechts-Schema (0 = sehr links, 100 = sehr rechts)

die AfD erzielten in der Umfrage überdurchschnittliche Ergebnisse auf dem Land, während die Grünen in großen Städten am meisten Unterstützung erfuhren. In der vorliegenden Studie wurden die Befragten gebeten, ihren Wohnort in eine von vier Kategorien einzuordnen: Dorf (unter 5000 Einwohner), Kleinstadt (unter 20.000 Einwohner), Stadt (unter 100.000 Einwohner) und Großstadt (über 100.000 Einwohner).

Das starke Abschneiden der AfD traf vor allem auf den ländlichen Raum und für den Osten zu. Es zeigten sich also nicht nur Unterschiede zwischen Stadt und Land, sondern auch zwischen Ost- und Westdeutschland. 70 % der Befragten, die angaben, die AfD zu wählen, leben in Ostdeutschland, 30 % im Westen. 13 % der befragten Ostdeutschen, die in einem Dorf leben, gaben an, die AfD wählen zu wollen. Von den westdeutschen Befragten, die in einem Dorf leben, waren es dagegen nur 3 %. Insgesamt schnitt die AfD in unserer Stichprobe am schlechtesten in den Großstädten ab, hier erreichte sie nur 7 % im Osten und 3 % im Westen.

Die CDU/CSU erhielt in der vorliegenden Befragung ebenfalls die meiste Unterstützung im ländlichen Raum mit 21 % versus 17 % in Städten. Das Bündnis Sahra Wagenknecht wurde vor allem von den Befragten in Dörfern (15 %) und Städten (13 %) gewählt, dagegen gaben nur 7 % in Kleinstädten und 5 % in Großstädten an, die Partei wählen zu wollen. Bei den Grünen zeigte sich ein umgekehrtes Bild, vor allem Befragte, die in einer Großstadt leben, gaben an, die Partei wählen zu wollen (20 %). In Dörfern waren es dagegen nur 10 %.

3.1 Angegebenes Wahlverhalten

Tab. 3.2 Wahlverhalten in Ost/West der Befragten, die in einem Dorf wohnen (unter 5000 Einwohner)

Partei	Ost	West	Gesamt
AfD	13,5 %	3,4 %	16,9 %
BSW (Bündnis Sahra Wagenknecht)	10,1 %	4,5 %	14,6 %
Bündnis 90/Die Grünen	3,4 %	6,7 %	10,1 %
CDU/CSU	6,7 %	14,6 %	21,3 %
FDP	1,1 %	0,0 %	1,1 %
Linke	3,4 %	1,1 %	4,5 %
SPD	2,2 %	1,1 %	3,4 %
Tierschutzpartei	0,0 %	1,1 %	1,1 %
Volt	5,6 %	3,4 %	9,0 %
Sonstige	4,5 %	2,3 %	6,8 %
Ich weiß es nicht	*2,2 %*	*6,7 %*	*9,0 %*
Ich gehe nicht wählen	*2,2 %*	*0,0 %*	*2,2 %*

Tab. 3.3 Wahlverhalten Ost/ West der Befragten, die in einer Großstadt wohnen (über 100.000 Einwohner)

Partei	Ost	West	Gesamt
AfD	6,8 %	3,7 %	10,5 %
BSW (Bündnis Sahra Wagenknecht)	4,3 %	0,6 %	4,9 %
Bündnis 90/Die Grünen	7,4 %	13,0 %	20,4 %
CDU/CSU	9,3 %	7,4 %	16,7 %
FDP	1,2 %	3,1 %	4,3 %
Linke	5,6 %	2,5 %	8,0 %
SPD	3,7 %	5,6 %	9,3 %
Tierschutzpartei	0,6 %	2,5 %	3,1 %
Volt	5,6 %	3,1 %	8,6 %
Sonstige	1,8 %	3,7 %	5,5 %
Ich weiß es nicht	*4,9 %*	*1,9 %*	*6,8 %*
Ich gehe nicht wählen	*1,2 %*	*0,6 %*	*1,9 %*

Tab. 3.4 Angegebenes AfD-Wahlverhalten in Ost/West und Stadt/Land

Stadt/Land	Ost	West
Dorf (unter 5000 Einwohnern)	20,0 %	5,0 %
Kleinstadt (unter 20.000 Einwohnern)	16,7 %	1,7 %
Stadt (unter 100.000 Einwohnern)	15,0 %	13,3 %
Großstadt (über 100.000 Einwohnern)	18,3 %	10,0 %
Gesamt	70,0 %	30,0 %

Der Rechtsruck der AfD scheint also vor allem von Personen befürwortet zu werden, die in Kleinstädten leben. 90 % der Personen, die angaben, die AfD zu wählen und in einer Kleinstadt wohnen, lehnten den Wunsch ab, dass die AfD weniger rechts sei. In Großstädten wurde ein Rechtsruck dagegen nur von 47 % befürwortet.

Es zeigten sich auch Unterschiede zwischen Stadt und Land in Bezug auf das politische Interesse der Befragten. Die Befragten der vorliegenden Studie wurden gebeten, auf einer Likert-Skala von 1 (gar nicht) bis 5 (sehr) einzuordnen, wie sehr sie sich für Politik interessieren. 37 % der Personen, die in einer Kleinstadt leben, gaben an, sich eher oder sehr für Politik zu interessieren (Skalenpunkte 4 und 5), in Großstädten waren es 46 %.

Auffällig war auch, dass weitaus mehr Personen auf dem Land die mediale Präsenz der Parteien als wichtig erachten. 15 % derjenigen, die in einem Dorf leben, geben dies als Grund für ihre Wahlentscheidung an, nur 7 % derjenigen, die in Großstädten leben. Außerdem zeigten sich Unterschiede darin, welche Aspekte Personen auf dem Land und in der Stadt als wie wichtig für ihre Wahlentscheidung betrachten. 79 % der Befragten, die in einer Großstadt leben, nannten inhaltlichen Positionen als einen wichtigen Grund für ihre Wahlentscheidung, 68 % jener, die in einer Kleinstadt leben.

3.1.3 Gefühlte soziale Ungleichheit zwischen Ost und West

Unterschiede zwischen Ost und West und eine damit verbundene wahrgenommene soziale Ungleichheit sind Themen, die insbesondere ostdeutsche Erstwähler als relevant und präsent wahrnehmen. „Wessis" werden von Ostdeutschen als arrogant angesehen, ihnen seien die Belange von Ostdeutschland nicht wichtig.

3.1 Angegebenes Wahlverhalten

Zudem gebe es laut den Befragten viele Vorurteile im Westen und mittlerweile auch Missgunst („Wie kann sich jemand im Osten dieses oder jenes leisten?"). Eine junge Person aus Thüringen erzählte beispielsweise, dass „ihre Verwandten im Westen irritiert davon seien, dass sie es sich leisten kann, in den Urlaub zu fahren". Die befragten Westdeutschen hatten insgesamt wenig Wissen zu Ostdeutschland und waren bisher selten selbst vor Ort. Für die befragten Ostdeutschen schien „der Westen" deutlich stärker ein (Vergleichs-)Thema zu sein.

Von der wahrgenommenen sozialen Ungleichheit in Bezug auf Ostdeutschland profitieren vor allem die Parteien AfD und BSW, da sie damit verbundene Themen am klarsten benennen. Insbesondere in Ostdeutschland wird bei den Erstwählern ein hohes Veränderungspotential bei der AfD gesehen. Angela Merkel als „ehemalige DDR-Bürgerin", und somit die ganze CDU, hätte dieses Thema nicht ernst genug bearbeitet. Zudem würden die etablierten Parteien selten zu lokalen Veranstaltungen im Osten kommen, um sich der Belange der „einfachen" Bürger anzunehmen.

Ein weiterer Unterschied zwischen ost- und westdeutschen Befragten zeigte sich bei der Zuordnung der Parteien zur Generation Z, ein populärwissenschaftlicher Begriff, der die Jahrgänge 1995 bis 2010 umfasst (Maas R. 2023), und dem angegebenen Wahlverhalten der Befragten der Generation Z (siehe Tab. 3.5 und 3.6). Die Befragten aus dem Westen gaben am häufigsten an, CDU/CSU zu wählen (19 %), allerdings würden sie diese Partei ihrer eigenen Generation nicht zuordnen. Auch bei den Befragten im Osten zeigt sich eine solche Diskrepanz, jedoch mit anderen Parteien. Die Generation Z scheint ihre eigene Generation politisch „extremer" einzuschätzen als sie es selbst in der Umfrage angegeben haben. Ein Grund hierfür könnte sein, dass einzelne junge Menschen, die zum Beispiel die Grünen wählen, als besonders laut und dominant wahrgenommen werden.

Tab. 3.5 Zuordnung zur Generation Z in Ost- und Westdeutschland (n = 870)

Rangfolge	Osten		Westen	
	Partei	Prozent	Partei	Prozent
1	Bündnis 90/Die Grünen	65 %	Bündnis 90/Die Grünen	59 %
2	Die Linke	39 %	Die Linke	29 %
3	AfD	38 %	AfD	26 %

Tab. 3.6 Angegebenes Wahlverhalten der Generation Z in Ost- und Westdeutschland (n = 870)

Rangfolge	Osten		Westen	
	Partei	Prozent	Rangfolge	Partei
1	AfD	19 %	CDU/CSU	19 %
2	CDU	13 %	Bündnis 90/Die Grünen	29 %
3	Die Linke	12 %	SPD	26 %

3.1.4 Informationsquellen

Sowohl in der quantitativen Befragung als auch in den vor Ort geführten Interviews wurde deutlich, dass die Mehrheit der jungen Menschen ihre Informationen zum politischen Geschehen in Deutschland über Social Media-Plattformen bezieht. Über die Hälfte der Befragten gab an, sich ausschließlich über Social Media (insbesondere TikTok und Instagram) zu informieren. Als Gründe wurden zum Beispiel „schnellere Informationsgewinnung" oder „einfach zu verstehen" genannt. Bei gezieltem Nachfragen wurde als Informationsquelle auch „Politische Bildung in der Schule" genannt, die jedoch keinen meinungsbildenden Effekt habe.

Über Social Media-Plattformen erreichen Parteien eine junge Zielgruppe. 79 % der 14- bis 29-Jährigen in Deutschland nutzen Instagram, 41 % TikTok und 14 % nutzen X (Statista 2023). Da so viele junge Menschen täglich Social Media nutzen, werden ihre Meinungen und politischen Einstellungen mit hoher Wahrscheinlichkeit von den dort gezeigten Inhalten beeinflusst. Dies sollte bei der Interpretation der Ergebnisse sowie für die Entwicklung möglicher Handlungsansätze berücksichtigt werden. Im Kapitel *Die Rolle von Social Media* wird vertieft darauf eingegangen.

3.2 Neue Parteienwahrnehmung

Die Wahrnehmung politischer Parteien und deren Positionen scheint sich bei den jungen Wählern grundlegend verändert zu haben. Im Folgenden soll daher auf Basis der Ergebnisse der Jugendwahlstudie OST 2024 näher auf die Parteienwahrnehmung der Generation Z eingegangen werden. Dabei werden extreme Tendenzen, die Neuorientierung des politischen Spektrums sowie aktuelle politische Vorbilder unter jungen Wählern betrachtet.

3.2 Neue Parteienwahrnehmung

3.2.1 Starkes Interesse an Extremen

Ein erstes wesentliches Merkmal des Wahlverhaltens junger Wähler ist das starke Interesse an extremen Parteien, etwa der AfD und dem BSW. Besonders in Ostdeutschland erhielt laut Ergebnis der quantitativen Befragung die AfD mit 19 % der Erstwählerstimmen erheblichen Zuspruch. Insgesamt 62 % derjenigen, die angaben, die AfD wählen zu wollen, wünschen sich sogar noch mehr Rechtsruck der Partei. Hier zeigt sich die zunehmend große Toleranz der Generation Z für rechtskonservative und reaktionäre Politik. Aussagen wie „Ich sehe die AfD nicht als rechtsextrem, weil ich die Standpunkte der Partei verstehe und selbst auf keinen Fall rechtsextrem bin." oder „Rechtsextrem bedeutet für mich physische Gewalt. Die AfD ist aber nicht körperlich aggressiv." veranschaulichen, dass die AfD von Vielen nicht als rechtsextrem angesehen wird. Die AfD wird stattdessen häufig als „Underdog"[2] betrachtet; 41 % der Befragten sind der Ansicht, die Partei werde von den Medien nicht fair behandelt. Das verstärkt Sympathien, besonders bei Erstwählern.

Die Ergebnisse der Jugendwahlstudie OST 2024 zeigen, dass neben der AfD auch die Partei Bündnis 90/Die Grünen in Teilen der Bevölkerung als extreme Partei wahrgenommen wird. 30 % der befragten Ostdeutschen und 25 % der befragten Westdeutschen gaben sogar an, dass die Grünen ihnen Angst machen würden. Dies trifft vor allem auf potenzielle AfD-Wählende (83 %) bzw. BSW-Wählende (35 %) zu. Die Teilnehmenden im Osten begründeten ihre Einschätzung damit, dass der Eindruck bestehe, die Grünen wollen zu stark in individuelle Freiheiten eingreifen, beispielsweise in Bezug auf das Heizungsgesetz oder Elektromobilität. Sie würde als Verbotspartei wahrgenommen und aktuell bei jungen Wählern schlechter abschneiden als noch vor wenigen Jahren, so die Befragten vor Ort.

3.2.2 Politische Neukalibrierung

Die klassische Links-Rechts-Einteilung scheint laut Ergebnissen der Jugendwahlstudie OST 2024 für viele junge Menschen zunehmend an Bedeutung zu verlieren. Sie können oder wollen sich auf dieser Skala nicht (mehr) einordnen oder finden sie nicht hilfreich für ihre Wahlentscheidung (26 % der quantitativ

---

[2] In der Sozialpsychologie als „Underdog-Effekt" bekannt; der vermeintliche Außenseiter bekommt allein durch seine vermeintlich benachteiligte Stellung Sympathie und Unterstützung von den Außenstehenden.

Befragten). Stattdessen wünschen sich viele Befragte eine Partei der Mitte, die es in ihren Augen jedoch aktuell nicht gebe. Sie würden auch in der SPD, FDP oder CDU keine Partei der Mitte sehen. Aussagen wie „Jede Partei, die nicht mit der AfD koaliert, ist links. Auch die CDU ist für mich eher links einzuordnen." zeigen eine neue Art der Parteienwahrnehmung bzw. eine neue Dichotomisierung in „System" und „Gegen das System". Die AfD nähert sich aus der Perspektive junger Wähler von rechts ausgehend zunehmend der politischen Mitte an und wird immer mehr als gemäßigte Kraft wahrgenommen. Die traditionellen Grenzen zwischen linken und rechten politischen Lagern scheinen für viele junge Menschen zu verschwimmen.

Ein bemerkenswertes Phänomen ist das Verständnis junger (politisch links eingestellter) Menschen für die Sorgen der AfD-Wähler. Dies führt zu einem offeneren Umgang mit verschiedenen politischen Ansichten innerhalb ihres sozialen Umfelds. Vor allem die befragten Ostdeutschen, aber auch viele Befragte aus dem Westen, können nachvollziehen, warum junge Menschen die AfD wählen. Es wird nicht als Widerspruch gesehen, dass Menschen mit verschiedenen politischen Einstellungen miteinander befreundet sind. Aussagen wie etwa „Ich wähle links, mein bester Freund wählt AfD, aber das muss er wissen." oder „Egal was die anderen wählen, wir sind alle hier und chillen zusammen." wurden von den Befragten vor Ort geäußert. Hier punktete zum Zeitpunkt der Wahlen in Thüringen und Sachsen vor allem das BSW: Die Partei scheint sowohl linke als auch rechte Themen ausreichend bedient zu haben, da es von den Befragten auf dem politischen Spektrum sehr unterschiedlich eingeordnet wurde. Sahra Wagenknecht als Person hatte darüber hinaus bei den Erstwählern einen weitaus höheren Bekanntheitsgrad als Björn Höcke, Dietmar Woidke oder Greta Thunberg. Einige konnten letztere beiden gar nicht verorten. 87 % der ostdeutschen Befragten kannten Sahra Wagenknecht und 70 % Björn Höcke. Nur in Thüringen hatte Björn Höcke eine höhere Bekanntheit mit 89 %, hier war er sogar bekannter als der amtierende Ministerpräsident Bodo Ramelow (78 %). Als politisches Vorbild wird er allerdings von wenigen Befragten gesehen, wie folgender Absatz darlegt.

3.2.3 Politische Vorbilder

Die Ergebnisse der Jugendwahlstudie OST 2024 zeigen, dass vielen jungen Menschen politische Vorbilder fehlen. Auf die Frage „Welche:r Politiker:in ist für dich ein Vorbild?" antworteten in der quantitativen Umfrage 49 % der Befragten

3.2 Neue Parteienwahrnehmung

mit „Keine:r". Auf den Plätzen dahinter folgten ausschließlich weibliche Politikerinnen: Alice Weidel (11 %), Sahra Wagenknecht (10 %) und Angela Merkel (10 %). Dass Vorbilder generell wichtig sind, besonders in unsicheren Zeiten und in Phasen der Identitätssuche, steht außer Frage. In einem männerdominierten politischen Umfeld werden Frauen wie Sahra Wagenknecht oder Alice Weidel bei den Befragten als Personen mit mehr Veränderungspotenzial wahrgenommen, da sie als entschlossene und selbstbewusste Führungspersonen auftreten und sich wortgewandt und unabhängig präsentieren.

In den Validierungsinterviews vor Ort zeigte sich zum Teil jedoch ein anderes Bild. Insbesondere bei den Umfragen in Brandenburg (nach den Landtagswahlen in Sachsen und Thüringen) wurden weibliche Politikerinnen wie Sahra Wagenknecht oder Annalena Baerbock sehr negativ betrachtet, vor allem bei den unter 18-Jährigen. Aussagen wie „Sahra Wagenknecht hat ihr Wahlversprechen, mit der AfD zu koalieren, in Thüringen schnell gebrochen. Was wird sie dann noch alles brechen?", „BSW als neue Partei und Sahra Wagenknecht sehe ich kritisch. Man müsste erst abwarten, was sie auch wirklich umsetzt." oder „Annalena Baerbock mit ihrer Doppelmoral ist schuld am schlechten Image der Grünen." machen den zunehmend kritischen Blick sehr deutlich.

3.2.4 Aufstieg der AfD und Abstieg der Grünen

Im Vergleich zu den letzten Landtagswahlen in Sachsen, Thüringen und Brandenburg hat die AfD bei jungen Wählerinnen und Wählern deutlich zugelegt, während die Grünen an Zustimmung verloren haben. Dieser Trend ist auch in aktuellen Umfragen zur Bundestagswahl zu beobachten (Zicht und Cantow 2024).

Diejenigen, die angaben, die AfD zu wählen, erklären den Aufwärtstrend der Partei damit, dass sie als volksnah wahrgenommen werde und eine klare Sprache verwende. Die Unzufriedenheit mit der Politik der letzten 20 Jahre und auch ein wahrgenommenes „Versagen" der aktuellen Koalition wurden als Gründe für das Erstarken der AfD genannt. Der Partei wird am ehesten zugetraut, den ersehnten Wandel herbeizuführen. Hingegen zeigen die Ergebnisse der Studie *nicht,* dass die Frustwähler-These bei der AfD gelten kann. 83 % der Befragten, die angaben, die AfD wählen zu wollen, nannten die „inhaltlichen Positionen" als wichtigsten Grund für ihre Wahlentscheidung. Einen „Denkzettel für andere Parteien" nannten 44 %, wobei Mehrfachangaben möglich waren. Auch Sicherheit, die eigene finanzielle Situation und Migration wurden als wichtige Themen in Bezug auf ihre Entscheidung für die AfD genannt.

Während die AfD bei jungen Wählern an Zustimmung gewinnt, scheinen die Grünen unter jungen Wählern zunehmend an Unterstützung zu verlieren. Die Ergebnisse der Jugendwahlstudie OST 2024 zeigen Gründe dafür auf: Die Grünen sind aktuell einer doppelten Kritik von jungen Menschen ausgesetzt. Personen, die sie in der Vergangenheit unterstützt und gewählt haben, kritisieren die Partei für ihre mangelnde Durchsetzungskraft in der aktuellen Regierung. Die Grünen seien nicht konsequent genug und „zu schwach", um ihre eigenen Inhalte zu platzieren und Vorhaben durchzusetzen.

Einige Befragte aus Ostdeutschland bezeichneten die Grünen als „Partei der Extremisten", die bewusst ihre persönlichen Freiheiten einschränken würde: „Die Grünen wollen mir verbieten, dass ich mit meinem Roller fahre, deswegen werde ich mir später einmal bewusst einen Verbrenner kaufen!". Viele Befragte gaben sogar an, Angst vor den Grünen zu haben. Kritisiert werden vor allem konkrete politische Maßnahmen, diese werden als „realitätsfern" und „ideologisch" wahrgenommen. Beispielsweise wird der Partei vorgeworfen, falsche Prioritäten zu setzen und Entscheidungen zu treffen, die der deutschen Wirtschaft schaden. Aussagen wie „Die Grünen hatten das Vertrauen, haben es sich aber selbst verbaut. Sie haben ihre Chance einfach nicht genutzt." zeigen, dass viele junge Menschen eine negative Sicht auf die Partei haben. Immer wieder wurde auch hier die Außenministerin Annalena Baerbock als Hauptgrund für die negative Stimmung gegen die Grünen genannt.

Einigen Befragten ist aber auch bewusst, dass die negative Darstellung der Partei in den Medien ihre eigene Sicht auf die Partei beeinflusst. Es fehle an einer effektiven Kommunikation der Erfolge der Partei bzw. der Koalition. Stattdessen seien Angriffe vor allem von rechten Parteien in den sozialen Medien deutlich präsenter. Das Bild von fehlender Konsistenz und Glaubwürdigkeit wird von vielen Befragten übernommen.

3.3 Neue inhaltliche Schwerpunkte und Sorgen bei jungen Wählern

In den letzten Jahren haben sich die inhaltlichen Schwerpunkte junger Wähler immer wieder verschoben. Während aktuell Asyl- und Migrationsfragen bei vielen als größte Herausforderung für Deutschland angesehen werden, nehmen die Themen Klimaschutz und Umwelt zunehmend weniger Raum ein. Der folgende Abschnitt zeigt auf, wie vielfältig die Interessen und Sorgen der jungen Generation sind und wie diese ihre politischen Präferenzen und Wahlentscheidungen beeinflussen.

3.3 Neue inhaltliche Schwerpunkte und Sorgen bei jungen Wählern 25

3.3.1 Migration

Asyl-Migration wird von den befragten Erstwählern als großes Problem in Deutschland angesehen. Viele beschreiben eine Angst vor einer unregulierten Einwanderung und befürchten einen Kollaps des Systems. Vor allem viele jüngere Befragte sprechen von Angst und würden mittlerweile bestimmte Orte meiden, an denen sich Asyl-Migranten aufhalten. Dieses Antwortmuster war unabhängig davon, welchen Parteien sich die Befragten selbst zuordneten.

Die beschriebenen Ängste vor weiterer „illegaler Massenimmigration" wurden von den Befragten oftmals in verschiedene Gruppen eingeteilt: Migranten, die sich integrieren, Migranten die nur Bürgergeld beziehen, Geflüchtete, die um Leib und Leben in ihrem Heimatland fürchten, und sog. „Wirtschaftsgeflüchtete". Akzeptiert seien von den meisten Befragten nur diejenigen, die in Deutschland arbeiten und sich auf diesem Wege auch integrieren würden („Solange die hier arbeiten, habe ich mit denen kein Problem"). Die einfachste Lösung für dieses Problem würden laut den Befragten AfD und BSW bieten, indem sie versprechen, Menschen schneller abzuschieben und die Grenzen besser zu schützen.

Im Zusammenhang mit Migration geht es auch um eine gefühlte Unsicherheit im öffentlichen Raum. Das Thema Sicherheit stelle laut Aussagen der vor Ort Interviewten das zweitwichtigste für ihre Wahlentscheidung dar. In mehreren Interviews wurde ausgesagt, dass sich vor allem Frauen nachts nicht mehr auf die Straße trauen würden, da sie sonst auf „kriminelle Ausländer" treffen würden. Immer wieder tauchten hierzu orts- und personenunabhängig Narrative von männlichen Asylbewerbern auf, die „Frauen vergewaltigen, Deutsche überfallen […etc.] und am Ende hierfür auch noch freigesprochen werden". Als Quelle wurden YouTube, Instagram und TikTok-Videos genannt. Auffällig war, dass in den Interviews zum Thema Migration wiederholt die gleichen Beispiele angeführt wurden, die nicht selbst erlebt wurden, sondern von Dritten aus den sozialen Medien übernommen wurden. Den „klassischen Medien" wie dem öffentlich-rechtlichen Rundfunk würden die Befragten unter anderem beim Thema Migration nicht mehr vertrauen, weil der Eindruck besteht, dass sie teilweise nicht die Wahrheit wiedergeben oder politisch zu einseitig berichten.

3.3.2 Klimawandel und Umwelt

Die Themen Klimawandel und Umweltschutz wurden von den befragten jungen Menschen sehr vielschichtig beschrieben. Aussagen hierzu reichten von „Interessiert mich nicht" bis hin zu „Ich kann gar nicht mehr klar denken deswegen". Für einige wenige würde die Klimaproblematik das größte Problem darstellen, welches an erster Stelle stehen sollte. Sie äußerten, dass sie für den Klimaschutz auch persönliche Einschränkungen in Kauf nehmen würden. Die allermeisten sehen Klimaschutz jedoch nicht als primäres Thema in der Politik. Es gebe zurzeit weitaus dringlichere Probleme, welche in der Politik Priorität haben müssten, insbesondere das Thema Migration.

Einige Befragte äußerten in Bezug auf die Partei Bündnis 90/Die Grünen, dass sie die beschlossenen Maßnahmen als zu extreme Einschränkungen empfinden. Generell sehen die meisten Befragten das Bündnis 90/Die Grünen nicht (mehr) als „kompetent" genug an. Viele warfen zudem der Außenministerin Annalena Baerbock eine falsche Priorisierung vor. Sie wäre ein Grund, warum man die Grünen als nicht authentisch wahrnehme. Sie würde „Wasser predigen, aber selbst Wein trinken".

In den Befragungen vor Ort in Brandenburg fiel immer wieder auf, dass die Partei Bündnis 90/Die Grünen inzwischen auch von vielen (früheren) Befürwortern des Klimaschutzes kritisch gesehen wird, da sie als Teil der aktuellen Bundesregierung nicht konsequent genug agieren würden. Aussagen von jungen Erwachsenen wie „Früher bin ich auf Fridays for Future-Demonstrationen gegangen, jetzt wähle ich AfD." zeigen einen weiteren Trend auf.

Einen etwas größeren Zuspruch erhalten hingegen Kleinparteien und Bewegungen, beispielsweise Volt und die Tierschutzpartei. Sie würden sich zum Teil konsequenter und „weniger korrupt" für Klimaschutz und die Umwelt einsetzen.

3.3.3 Zukunftssorgen, Misstrauen und Unsicherheiten junger Menschen

In den Interviews vor Ort betonten junge Erstwähler immer wieder ihre Sorgen und Ängste, die sie bezogen auf die Zukunft haben. „Also Kinder möchte ich nicht in diese Welt setzen." war beispielsweise die Aussage eines Interviewten vor Ort. Besonders präsent seien laut den Befragten die Sorgen in Bezug auf die Themen Migration, Sicherheit und die finanzielle Lage Deutschlands.

Insgesamt ließ sich eine Art Perspektivlosigkeit unter den Befragten wahrnehmen. Auf die Frage „Was gibt dir zurzeit am meisten Zuversicht?" konnten 56 % der Befragten in der quantitativen Umfrage keine Antwort geben oder antworteten mit „nichts". In den Validierungsinterviews vor Ort wurde zudem ein Gefühl der Ohnmacht beschrieben. Dabei lohnt es sich, einen Blick auf die Antworten unterschiedlicher Wählergruppen zu werfen: In der AfD etwa scheint die

Zuversicht in die Partei noch mehr vorhanden zu sein, als es in anderen Parteien der Fall ist. Von allen quantitativ Befragten, die die AfD wählen würden, sehen auch 54 % (mit ihrer frei zu formulierenden Antwort „AfD") in der eigenen Partei Zuversicht. Diejenigen, die vorhaben, die Grünen zu wählen, sehen hingegen keine Zuversicht in ihrer eigenen Partei; kaum einer der Befragten gab die eigene Partei als Grund für Zuversicht an. Bei BSW sehen 18 % Zuversicht in der eigenen Partei, bei SPD 12 % und bei der CDU 10 %.

Es scheint an konkreten Zukunftsperspektiven der Parteien zu fehlen, obwohl diese den Befragten durchaus wichtig seien. 58 % der Befragten nannten den Aspekt Zukunftsperspektiven unter den Top 3 ihrer Gründe für die Wahlentscheidung.

Auch das Misstrauen gegenüber der Regierung ist unter den befragten Jugendlichen und jungen Erwachsenen stark ausgeprägt. 41 % stimmten in der quantitativen Befragung der Aussage „Ich bin mir sicher, der Regierung sind wir einfachen Menschen egal" eher oder voll zu. Der Aussage „Ich bin mir sicher, die Regierung arbeitet gegen die Bevölkerung." stimmten 32 % der Befragten zu (siehe Abb. 3.4 und 3.5), dabei jüngere Befragte signifikant mehr als ältere. Das Vertrauen ist bei jüngeren Wählern (16- bis 19-Jährige) demnach nochmals niedriger als bei älteren (20- bis 25-Jährige). Aussagen von 16- und 17-jährigen Befragten aus Brandenburg, wie etwa „Ich habe die Schnauze voll von den Altparteien! Aber ich wähle auch nicht die AfD, deswegen wäre BSW die Alternative zur Alternative. Allerdings, seit der Wahl in Thüringen, bin ich mir da auch nicht mehr sicher." machen deutlich, wie groß das Misstrauen und damit einhergehende Unsicherheiten der jungen Wähler sind. Kritisiert wurde in den qualitativen Interviews auch, dass die Regierung zu wenig tue, unter anderem für sozial benachteiligte Menschen. Es werde zum Beispiel „zu wenig in bezahlbaren Wohnraum und eine sichere Rente investiert".

3.4 Herabsetzung des Wahlalters auf 16 Jahre

„Die Aussagen der jugendlichen Wähler sind so wechselhaft und widersprüchlich, wie aus Sicht der Jugendlichen die Parteien selbst." – Hartwin Maas

In den Befragungen vor Ort zeigte sich insbesondere bei den Erstwählern wenig tiefgreifendes politisches Wissen. Dieser Mangel an politischem Wissen sowie Interesse schafft ein Vakuum, das insbesondere von extremen Parteien wie der AfD genutzt wird, um Unsicherheiten und Missstände direkt anzusprechen und so vor allem junge, oft noch unentschlossene Wähler für sich zu gewinnen.

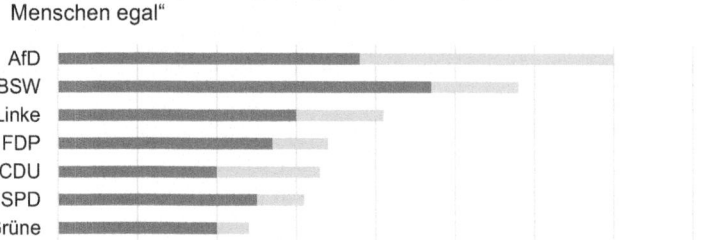

Abb. 3.4 Zustimmung zur Aussage „Ich bin mir sicher, der Regierung sind wir einfachen Menschen egal" nach angegebenem Wahlverhalten (n = 870)

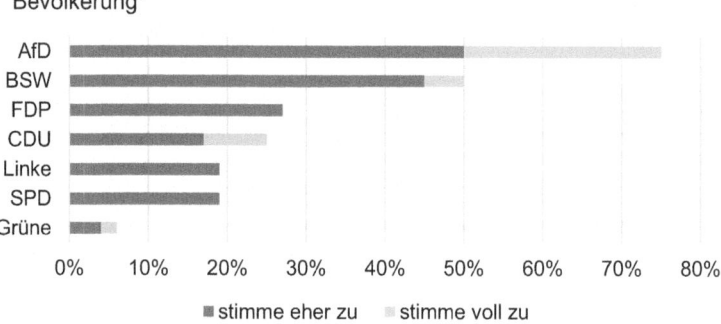

Abb. 3.5 Zustimmung zur Aussage „Ich bin mir sicher, die Regierung arbeitet gegen die Bevölkerung" nach angegebenem Wahlverhalten (n = 870)

3.4.1 Fehlendes Interesse und fehlender Tiefgang

Knapp über die Hälfte der vor Ort befragten unter 18-Jährigen gaben an, sie hätten kein Interesse für Politik und würden auch nicht zur Wahl gehen. Als Gründe hierfür wurde zum Beispiel genannt: „keine Lust", „keine Ahnung", „bin zu faul", „Briefwahl ist mir zu anstrengend". Es gab auch einige Befragte in Brandenburg, die äußerten, „sehr gut über Politik Bescheid zu wissen", gleichzeitig aber

3.4 Herabsetzung des Wahlalters auf 16 Jahre

Politiker wie Dietmar Woidke kaum oder gar nicht kannten. Sie widersprachen sich häufig innerhalb ihrer eigenen Aussagen, z. B. „Ja, ich gehe nächste Woche wählen und ich kenne mich auch gut aus… [Auf Nachfrage, was sie von BSW halten:] Ah ja, da muss ich mich erst noch informieren. BSW sagt mir jetzt noch nichts". Auf die Frage „Welche Themen beschäftigen euch, in Bezug auf Politik?" konnte fast niemand im Interview vor Ort eine konkrete Aussage machen. Laut den Aussagen vieler Befragten sei politische Bildung auch in der Schule zu abstrakt und lege zu wenig Wert auf eine aktive Partizipation am politischen System Deutschlands.

Es zeigte sich deutlich, dass die Befragten umso unwissender und desinteressierter bezogen auf Politik waren, je jünger sie waren. Die Herabsetzung des Wahlalters auf 16 Jahre, wie es bei den Landtagswahlen in Brandenburg erstmals der Fall war, begünstigt in erster Linie Parteien wie AfD und BSW, da diese mit konkreten Aussagen die Unsicherheiten und das Misstrauen junger Wähler am meisten adressieren. Viele Erstwähler fühlen sich politisch heimatlos und wünschen sich eine Partei, die ihnen eine klare Richtung vorgibt. Bezüglich der „Alt-Parteien" und einzelnen Politikerinnen und Politikern hingegen herrscht aktuell eine sehr negative Sicht. Die SPD wird bestenfalls als „mögliche Alternative für die ausgediente CDU" gesehen und Aussagen wie „Für die AfD habe ich persönlich zwar kein Verständnis, aber sie holen die Leute mehr ab als Parteien wie die SPD" verdeutlichen dieses negative Bild.

3.4.2 Schnelle Meinungsänderung

Jüngere Befragte waren außerdem überzeugt davon, dass sie ihre Meinung sehr viel schneller ändern würden als ältere Menschen, auch aufgrund des Einflusses von Social Media. Auf die Frage „Würdest Du in vier Jahren anders wählen?" antworteten 90 % der unter 18-jährigen Befragten vor Ort in Brandenburg mit „Ja, das ist natürlich schon möglich…". Auch Aussagen, wie etwa „Ja, wir Jugendliche sind sehr wechselbereit. Politische Entscheidungen sind für mich kurzfristig zu sehen.", machen die schnellen Meinungsänderungen unter jungen Erwachsenen deutlich.

Auffällig war außerdem, dass als Informationsquelle für ihre politische Meinungsbildung sehr häufig die Eltern genannt wurden, insbesondere bei denjenigen, die angeben, die AfD wählen zu wollen. 61 % der jungen Befragten, die AfD wählen würden, waren der Meinung, dass ihre Eltern auch AfD wählen. Beim BSW sagen dies 43 % und bei der SPD 29 % der Befragten. Auch hier zeigt sich, dass das Herabsetzen des Wahlalters insbesondere für die politischen Ränder und rechte Parteien wie z. B. die AfD gewinnbringend sind.

Das Bild von widersprüchlichen Aussagen und Unsicherheiten junger Wähler unterstreicht die Herausforderung, vor der sie stehen: Sie suchen nach Orientierung und festen Überzeugungen, bewegen sich jedoch in einem Umfeld, das von schnellen Meinungswechseln und oberflächlicher Informationsaufnahme geprägt ist. Dies verdeutlicht, wie stark der Einfluss externer Faktoren – neben den Eltern insbesondere die sozialen Medien – auf ihre politische Sozialisation und Entscheidungsfindung wirkt, worauf im nächsten Abschnitt genauer eingegangen werden soll.

Erklärungsansätze 4

Im Folgenden werden die beobachteten Veränderungen im Wahlverhalten junger Menschen erklärt. Dabei spielen historische, soziale und kulturelle Faktoren eine entscheidende Rolle. Von der Verantwortungsübertragung auf den Staat über Unzufriedenheit mit der aktuellen Politik bis hin zu den Einflüssen von Social Media und der Sozialisation werden verschiedene Aspekte betrachtet, die zu dieser Entwicklung beitragen.

4.1 Verantwortungsübertragung auf den Staat

Viele junge Menschen im Osten haben das Gefühl, dass der Staat in hohem Maße für ihr Wohlergehen verantwortlich ist, sie sehen ihn in einer Art Bringschuld. Es sei beispielsweise die Aufgabe des Staates, dafür zu sorgen, dass es ausreichend Arbeitsplätze und eine sichere Rente gibt. Der eigene Gestaltungsspielraum wurde von vielen Befragten im Gegensatz dazu sehr wenig betont. Viele wüssten nicht, wo sie ansetzen sollen („Wir wollen einen Wandel, wissen aber nicht wie?").

Es wäre nun zu verkürzt, dieses komplexe Verhältnis zwischen Individuum und Staat in der Gegenwart auf eine vermeintlich umstandslose Vererbung von ‚DDR-Erfahrungen' der Eltern auf die eigenen Kinder zurückzuführen. Das Leben in diesem totalitären System mit starken, kontrollierenden staatlichen Strukturen ging mit einer (gewollten wie ungewollten) Verantwortungsübergabe an den Staat einher, führte aber auch zu einem erhöhten Misstrauen in staatliche Institutionen wie Regierungsapparat oder Justiz. Just in diesem Spannungsfeld – der Abgabe persönlicher Entscheidungs- und Handlungsfreiheiten an den Staat auf der einen und dem Misstrauen in dessen Institutionen auf der anderen Seite – sind nicht nur jene verortet, die im damaligen DDR-System selbst lebten und aufwuchsen, sondern auch Jugendliche in ehemals ostdeutschen Bundesländern heute. Vor dem Hintergrund eben dieses Spannungsfeldes müssen die politischen Einstellungen sowie das Wahlverhalten dieser jungen Menschen erklärt und problematisiert werden. Abseits von verkürzten Erklärungsnarrativen, wie z. B. der vermeintlichen DDR-Sozialisation zur unhinterfragten Staatsergebenheit, erscheint vielmehr die in jugendlichen Menschen verankerte Überzeugung einer generellen Perspektivlosigkeit bei gleichzeitig wenig Verständnis für demokratische Teilhabemöglichkeiten sowie einer beobachtbaren Überbehütung durch die Eltern bedeutsam. Dies wird im nachfolgenden eingehend dargestellt und dient der facettenreichen Betrachtung junger Menschen, die neue Erklärungsansätze liefert und herkömmliche Narrative zum 'Osten' infrage stellt.

4.1.1 Unzufriedenheit

Die befragten jungen Menschen in Ostdeutschland äußerten oftmals den Wunsch, dass der Staat stärker eingreife und konkrete Lösungen präsentieren solle, insbesondere in Bezug auf Themen wie Migration und Sicherheit. Paradoxerweise fühlen sich jedoch viele der Befragten von der Politik teilweise zu stark eingeschränkt, was vor allem stark an die Partei Bündnis90/Die Grünen adressiert wird. Insgesamt herrscht eine starke Unzufriedenheit unter jungen Wählern und es dominiert der Wunsch, dass der Staat mehr Verantwortung für aktuelle Probleme übernehmen soll, nach dem Motto: „Sorge dafür das ich mich wohl fühle und ich glücklich bin."

Die starke Unzufriedenheit mit der aktuellen Politik wurde sowohl in qualitativen als auch in den quantitativen Befragungen deutlich. Viele junge Menschen haben das Gefühl, dass sie der Regierung egal seien und diese gegen die Bevölkerung arbeite. Insbesondere bei den befragten AfD-Wählern ist die große Mehrheit mit der aktuellen Regierung und ihrer Politik nicht zufrieden. Unsicherheiten und Zukunftsängste geben vielen jungen Menschen, vor allem im Osten Deutschlands, das Gefühl, abgehängt zu sein. Ostdeutsche Bundesländer werden im gesellschaftlichen Diskurs häufig immer noch abgewertet, wodurch sich junge Ostdeutsche ungerecht behandelt fühlen. Eine Art Perspektivlosigkeit und Sorgen, einmal kein gutes Leben zu haben, treten in den Vordergrund. Subjektiv haben sich diese Ängste und Sorgen in den letzten Jahren verfestigt, nicht zuletzt auch durch die Coronapandemie, wo Ängste und Sorgen junger Menschen oftmals nicht ernst genommen oder ignoriert wurden. Objektiv betrachtet haben sich Ost- und Westdeutschland in vielen sozialen und wirtschaftlichen Bereichen angenähert. Die Unterschiede sind in einigen Bereich marginal. Dieser Fakt kommt bei jungen Menschen offensichtlich wenig an, im Gegenteil: Die Unzufriedenheit nimmt weiter zu. Unzufriedenheit mit der Demokratie bedeutet auch eine höhere Vulnerabilität für populistische und fremdenfeindliche Einstellungen. In der Folge profitieren von der wahrgenommenen Ungleichheit und der damit verbundenen Unzufriedenheit junger ostdeutscher Wähler vor allem die Parteien AfD und BSW, da sie damit verbundene Themen am klarsten benennen. Sie präsentieren sich bewusst als diejenigen, die die Ängste und Sorgen ihrer Bürger ernst nehmen. Junge Menschen haben das Gefühl, dass diese Parteien ihnen Lösungen bieten, die ihren Zukunftsängsten und Sorgen entgegenwirken können. Dafür nutzen diese Parteien konkrete Kommunikationsstrategien, insbesondere auf Social Media, um junge Wähler für sich zu gewinnen.

4.1.2 Mangelndes Demokratieverständnis

Ein weiterer Grund für die zunehmende Verantwortungsübertragung auf den Staat ist, dass viele junge Menschen unzureichende Vorstellungen darüber haben, wie Demokratie funktioniert und wie sie aktiv mitgestaltet werden kann. Bei den Befragungen vor Ort ist dieses mangelnde Interesse oder das Wissen über Politik vor allem bei den unter 20-Jährigen erkennbar. Aussagen, wie etwa „Wenn die Partei auf dem Wahlzettel steht, muss man sie doch auch wählen dürfen" machen ein fehlendes Bewusstsein für die Komplexität des Verbots einer Partei sowie ein mangelndes (geschichtliches/politisches) Hintergrundwissen unter jungen Wählern deutlich.

Oft beschränkt sich das Demokratieverständnis auf die Wahlen, jedoch ohne dass der partizipative Charakter von Demokratie wirklich verinnerlicht wird. Es fehlt vielen Erstwählern an konkreten Ideen, wie Demokratie gelebt werden kann, sowie an einem eigenen politischen Bewusstsein. Stattdessen dominiert bei vielen jungen Menschen das Gefühl, dass die eigene Stimme wenig Gewicht habe. Dies erhöht die Anfälligkeit für populistische Botschaften und infolge profitieren Parteien die diese Art von Botschaften bedienen wie zum Beispiel die AfD oder das BSW. Sie gewinnen demnach besonders von der „Desillusionierung" junger Menschen. Denn in den Aussagen der jungen Befragten ist der Wunsch deutlich spürbar, Dinge „einfacher zu machen" und in einer weniger komplexen Welt zu leben. Die AfD und das BSW schaffen es aktuell am besten, diesem Wunsch nachzukommen.

4.1.3 Überbehütung und erlernte Hilflosigkeit

Durch die zunehmende Überbehütung und das Einmischen der Eltern in die Lebensbereiche ihrer Kinder fehlt diesen oft der Raum für eigene Entscheidungen (Maas R., 2021). Eltern nehmen ihren Kindern viele Entscheidungen ab, was im späteren Leben dazu führen kann, dass junge Menschen auch in der Politik erwarten, dass der Staat viele ihrer Bedürfnisse erfüllt und Verantwortung übernimmt. Dies kann mit dem sogenannten *Pull and Push Effekt* (z. B. Deci & Ryan, 2013) erklärt werden, der aus psychologischer Sicht zwei entgegengesetzte Kräfte beschreibt, die das Verhalten und die Entwicklung von Menschen beeinflussen. Eltern schaffen durch ihr Verhalten einen übermäßigen Schutzraum (Pull), während sie gleichzeitig durch übertriebene Fürsorge oder hohe Erwartungen Unsicherheiten und Ängste verstärken (Push). Der wahrgenommene eigene Handlungsspielraum wird immer kleiner und die eigene Passivität gegenüber Gesellschaft und Politik immer größer.

In einem Umfeld geprägt von Überbehütung und eingeschränktem Handlungsspielraum entwickeln junge Menschen das Gefühl, keine Kontrolle über politische Prozesse zu haben. Es entsteht eine Art *erlernte Hilflosigkeit* (Seligman, 1972): Junge Menschen empfinden, dass politische Entscheidungen von ihnen nicht beeinflusst werden können, was zu Rückzug und Resignation führt. Sie sehen sich als unfähig und in gewisser Weise machtlos, Veränderungen aktiv herbeizuführen. Dies macht sie wiederum anfälliger für einfache, radikale Lösungen von Parteien wie der AfD.

Diese erlernte Hilflosigkeit spiegelt sich aus psychologischer Sicht auch in der *kognitiven Triade* (Beck, 1976) wider, wie sie von Beck beschrieben wird. Insbesondere junge Menschen im Osten, die unter Perspektivlosigkeit leiden, entwickeln oft negative Gedankenmuster in drei Bereichen: dem Selbst („Ich bin machtlos und kann nichts ändern."), der Umwelt („Der Staat hat eine Übermacht und lässt mir zu wenig Spielraum." oder „Der Staat unterstützt mich zu wenig und dadurch wirkt die Umwelt zu übermächtig") und der Zukunft („Die Aussichten sind düster, es gibt keine positiven Perspektiven.") In diesem Kontext wird die AfD zu einer Art „Medikament" gegen die „politische Depression": Sie bedient die kognitive Triade sehr gut, vor allem durch eine Unmenge an Social Media-Beiträgen, indem sie die Ängste und Unsicherheiten junger Menschen direkt anspricht und auch forciert. Gleichzeitig bietet sie scheinbar einfache und naheliegende Lösungen an. Indem vor allem die AfD und das BSW einen Schuldigen identifizieren (den Staat, die Migranten oder bestimmte Parteien), geben sie den Menschen das Gefühl, dass es eine klare und erreichbare Lösung für ihre Probleme gibt. Beide Parteien nutzen darüber hinaus auch die sozialen Medien besonders klug, worauf im Folgenden eingegangen wird.

4.2 Die Rolle von Social Media

Mitglieder der Generation Z wachsen in einer zunehmend digitalen Welt auf (Maas R. et al., 2024). Soziale Medien sind fester Bestandteil des täglichen Lebens (Maas R., 2021). Sowohl in den quantitativen als auch qualitativen Befragungen der Jugendwahlstudie wurden soziale Medien, insbesondere TikTok, als primäre Informationsquelle genannt. Soziale Medien beeinflussen die Einstellungen und Überzeugungen junger Menschen enorm, auch außerhalb der digitalen Welt (Maas R., 2024). Nicht selten kommt es zu „Fehlkombinationen", bei denen Informationen aus der digitalen Welt mit Beobachtungen im Alltag unmittelbar miteinander verknüpft werden, ohne dass ein tatsächlicher Zusammenhang besteht.

Insbesondere die AfD ist auf Social Media-Plattformen wie TikTok extrem aktiv und erfolgreicher als andere Parteien. Sie erreicht aktuell (Stand 03.09.2024) auf allen Social Media Plattformen mit Ausnahme von X (ehemals Twitter) mehr junge Menschen als andere Parteien. Viele der Befragten loben die AfD für ihren Social Media Auftritt. Die Beiträge sind dabei oft sehr emotionalisierend, was dazu führt, dass sie mehr affizierend sind und infolge besonders häufig geteilt werden. Ihnen wird besonders viel Aufmerksamkeit geschenkt. Während komplexe kognitive Prozesse wie kritisches Denken und Reflexion immer mehr in den Hintergrund geraten, tritt ein schnelles, emotionsgesteuertes Konsumverhalten in den Fokus. Dabei sollten auch typische kognitive Verzerrungen in Betracht gezogen werden, welche in den sozialen Medien besonders häufig auftreten.

Der sogenannte *Negativity Bias* beispielsweise beschreibt die menschliche Tendenz, negative Informationen stärker zu gewichten und intensiver zu verarbeiten als positive oder neutrale Inhalte (Maas R. & Perret, 2022). Dieser Effekt kann durch die Dynamiken sozialer Medien erheblich verstärkt werden, etwa wenn Plattformen wie TikTok oder Instagram bevorzugt emotional aufgeladene und polarisierende Inhalte fördern, da diese in der Regel mehr Reaktionen, Kommentare und Likes erzeugen und häufiger mit anderen geteilt werden.

Im politischen Kontext kann der Negativity Bias weitreichende Folgen haben. Jugendliche und junge Erwachsene, die besonders häufig über Social Media mit negativen oder polarisierenden Inhalten konfrontiert werden, nehmen die Welt als bedrohlicher oder unsicherer wahr, als sie tatsächlich ist. Die Folge ist, dass Parteien oder Politiker, die klare und einfache Lösungen für komplexe Probleme anbieten, an Attraktivität gewinnen – vor allem dann, wenn sie sich auf die Lösung der vermeintlich bedrohlichsten Probleme, wie etwa die Migrationspolitik, konzentrieren.

Hinzu kommt der *Confirmation Bias,* der sogenannte Bestätigungsfehler, der die Tendenz beschreibt, Informationen so auszuwählen und zu interpretieren, dass sie bestehende Überzeugungen oder Vorurteile bestätigen. In einer zunehmend digitalisierten Welt, in der Algorithmen die Inhalte individualisieren, erhalten Nutzer bevorzugt solche Nachrichten, die ihren bestehenden Ansichten bereits entsprechen. Dies erschwert eine kritische Auseinandersetzung mit anderen Perspektiven, z. B. anderer Parteien. Wieder sind es vor allem junge Wähler, die aufgrund ihrer enorm hohen Nutzungsrate sozialer Netzwerke besonders anfällig für diese Form der selektiven Wahrnehmung sind. Populistische oder extreme Parteien nutzen die „kognitive Vulnerabilität" gezielt, um vorhandene Ängste und Vorurteile zu forcieren oder gar erst zu schüren, und erhöhen damit den Zuspruch junger Menschen.

Im Rahmen der Jugendwahlstudie OST 2024 ließ sich im Sinne eines *Milde-Effekts* auch beobachten, dass viele junge Menschen, die sich für die AfD entscheiden würden, den Extremismusvorwurf gegenüber der Partei nicht als zutreffend empfanden. Stattdessen agieren sie nach dem Prinzip: „Wenn ich die AfD wähle, kann sie nicht extremistisch sein, da ich selbst nicht extremistisch bin." Gedankengänge junger Menschen wie dieser veranschaulichen, wie persönliche Überzeugungen das politische Urteil beeinflussen und zu einer Milde gegenüber potenziell radikalen Positionen führen können. Gleichzeitig wird es für etablierte Parteien schwieriger, junge Wähler zu erreichen, da diese bereits eine fest verankerte, positive Grundhaltung gegenüber ihren bevorzugten Parteien entwickelt haben. Insbesondere in der digitalen Welt, in der Informationen oft stark verkürzt und emotionalisiert dargestellt werden, bleiben kritische Stimmen oder Gegenargumente häufig im Hintergrund.

4.3 Sozialisation

Schließlich stellt auch die Sozialisation einen Erklärungsansatz für das Wahlverhalten junger Menschen im Osten Deutschlands dar. Die Rolle der Eltern und der Erziehung spielt hierbei eine entscheidende Rolle. Eltern prägen das politische Weltbild ihrer Kinder oft durch ihre eigenen Einstellungen und Vorurteile (Maas R., 2023). Wenn beispielsweise in Familien autoritäre oder nationalistische Werte vermittelt werden, ist es wahrscheinlicher, dass diese auch die politische Ausrichtung der Kinder beeinflussen.

Der sogenannte „Oststolz" und die Identifikation mit einer spezifischen ostdeutschen Kultur, die von den entsprechenden Parteien als „ursprünglich" und „authentisch" dargestellt wird, tragen ebenfalls zur politischen Sozialisation bei.

4.3 Sozialisation

Dieser Stolz auf die ostdeutsche Herkunft wird von rechtspopulistischen Parteien wie der AfD bewusst verstärkt, indem sie sich als Vertreter der „echten Ostdeutschen" positionieren und gegen den (aus dem Westen kommenden) „Mainstream" auftreten.

Zuletzt soll auch das Phänomen des sogenannten *Neo-Konventionalismus* nicht unberücksichtigt bleiben, welches sich ebenfalls deutlich in den Ergebnissen der Jugendwahlstudie OST 2024 widerspiegelt. Im Gegensatz zu früheren Generationen, die sich durch Rebellion und das Infragestellen gesellschaftlicher Normen auszeichneten, strebt die Generation Z zunehmend nach Stabilität, Sicherheit und Anpassung an bestehende Strukturen (Maas R., 2024). In einer immer komplexer werdenden Welt suchen sie nach einfachen, verständlichen Orientierungspunkten. Wieder sind es Parteien wie die AfD, die dabei klare Antworten und einfache, attraktive Lösungen für junge Wähler bieten. Die Sehnsucht nach Sicherheit und festen Werten spiegelt sich auch in der Popularität von rechtsextremen Vereinen, Online-Shops mit einschlägiger Symbolik und Konzerten wider, die eine Lebenswelt bieten, in der klare Regeln und Gemeinschaft vorherrschen.

Der vielschichtige Prozess der Sozialisation verdeutlicht zusammenfassend, wie tief verwurzelte Werte aus der Familie, kulturelle Identitäten und mediale Einflüsse das Wahlverhalten junger Menschen prägen und sie in ihrer Orientierung hin zu Parteien wie der AfD lenken können.

Fazit 5

Die Jugendwahlstudie OST 2024 zeigt, dass sich die politischen Einstellungen junger Wähler stark verändert haben und geprägt sind von widersprüchlichen Ansichten, einem Mangel an Tiefgang und einem oft schwachen Interesse an politischen Themen. Es entsteht ein Bild von Jugendlichen und jungen Erwachsenen, die zwar den Wunsch nach Veränderung äußern, aber kaum Vorstellungen davon haben, wie sie diese selbst herbeiführen können. Vielen fehlt es an fundiertem Wissen über politische Akteure und Themen.

Die Ergebnisse der Studie verdeutlichen, dass die Herabsetzung des Wahlalters auf 16 Jahre die geschilderte Problematik nochmals verstärkt, da sich vor allem Erstwähler politisch orientierungslos fühlen und häufig extreme Parteien wie die AfD und BSW wählen, die gezielt die Unsicherheiten junger Wähler ansprechen.

Auch soziale Medien spielen eine zentrale Rolle, da sie vor allem schnelle, emotional geladene Inhalte verbreiten, die wenig Raum für kritische Reflexion und tiefere Auseinandersetzung bieten.

Aus den Erkenntnissen der Jugendwahlstudie lässt sich insgesamt die Schlussfolgerung ziehen, dass die Voraussetzungen für eine aktive Teilnahme junger Menschen am politischen Leben häufig fehlen. Um den dargelegten Herausforderungen jedoch in Zukunft besser zu begegnen, sollen im Folgenden konkrete Wege und Handlungsempfehlungen diskutiert werden.

7 Handlungsempfehlungen

Die Ergebnisse der Jugendwahlstudie OST 2024 verdeutlichen, dass dringend Handlungsbedarf besteht: Jungen Menschen müssen neue Perspektiven und konkrete Handlungskonzepte geboten werden. Viele fühlen sich politisch ohnmächtig und wissen nicht, wie sie aktiv Einfluss nehmen können. Trotz des vorhandenen Wunsches nach Veränderung fehlen oftmals Ansatzpunkte, was zu einem Gefühl der Hilflosigkeit führt. Als Gesellschaft müssen wir dem entgegentreten, indem wir jungen Menschen mehr Selbstwirksamkeitserlebnisse, Mitspracherecht und Möglichkeiten zur aktiven Beteiligung bieten.

6.1 Lokale Vernetzung und Partizipation

In Ostdeutschland ist eine stärkere lokale Vernetzung im politischen Bereich zu beobachten, die sich unter anderem in der hohen Zahl an Bürgerinitiativen und dem Umfang an parteilosem Engagement zeigt. Dies hat den Vorteil, dass Menschen sich direkter und unmittelbarer vor Ort einbringen können. Solche lokalen Strukturen fördern das Gefühl der Selbstbestimmung und verbinden die Menschen eng mit ihren unmittelbaren Lebensbereichen. Doch diese lokale Ausrichtung birgt auch Schwächen: Der damit verbundene geringere Einfluss auf Bundesebene kann langfristig auch negative Auswirkungen auf die Demokratie haben. Ziel muss daher sein, diese lokalen politischen Stärken zwar zu bewahren, jedoch gleichzeitig auch die Anbindung an bundesweite Strukturen zu verbessern. Junge Menschen sollten sowohl vor Ort als auch auf nationaler Ebene stärker in politische Prozesse eingebunden werden.

© Der/die Autor(en), exklusiv lizenziert an Springer Fachmedien Wiesbaden GmbH, ein Teil von Springer Nature 2025
R. Maas und H. Maas, *Jugendwahlstudie Ostdeutschland*, essentials,
https://doi.org/10.1007/978-3-658-47181-1_6

6.2 Offene Räume für Austausch und aktive Teilhabe

Ein erster Schritt der aktiven Teilhabe kann der gezielte Ausbau von offenen Räumen für den politischen und intergenerationellen Austausch sein. Um dies zu erreichen, müssen möglichst praxisnahe und konkrete Maßnahmen ergriffen werden. Jugendzentren in Städten und ländlichen Regionen könnten als Knotenpunkte für den Dialog zwischen jungen und älteren Generationen dienen (Maas H., 2023). Diese Räume sollten nicht nur soziale Treffpunkte sein, sondern auch als „Proberäume für Politik" fungieren, in denen junge Menschen – mögliche Nachwuchspolitiker des Landes – Demokratie aktiv erleben und gestalten können.

Der Generation Thinking® Workshop, der vom Institut für Generationenforschung entwickelt wurde, ist ein erfolgreiches Modell für den intergenerationellen Austausch. Hier wird das Verständnis zwischen den Generationen gefördert, um Brücken zu bauen und gemeinsam Lösungen für gesellschaftliche Herausforderungen zu erarbeiten. Dieser Austausch sollte vermehrt auch auf konkrete Projekte der Kommunen und Städte ausgeweitet werden, in denen Jung und Alt gemeinsam Verantwortung übernehmen, etwa bei der Gestaltung städtischer Räume.

6.3 Deliberative Demokratie: Eine neue Form der Bürgerbeteiligung

Ein vielversprechender Ansatz für eine zukunftsfähige Demokratie ist die deliberative Demokratie. Diese Form der Demokratie setzt auf den offenen und reflektierten Dialog zwischen Bürgerinnen und Bürgern und bindet sie aktiv in Entscheidungsprozesse ein. In Belgien beispielsweise wurde ein permanenter Bürgerrat eingerichtet, der das Parlament berät und somit die Bürgerbeteiligung regelrecht institutionalisiert hat. Auch Länder wie Irland und Frankreich haben bereits erfolgreich deliberative Prozesse eingeführt, die es ermöglichen, Bürger aktiv und auf Augenhöhe in Entscheidungsprozesse einzubinden und so das Gefühl der Ohnmacht zu überwinden. Solche deliberativen Ansätze könnten auch in Deutschland etabliert werden, insbesondere in Regionen, wo das Vertrauen in traditionelle politische Strukturen schwächer ist.

6.4 Politische Bildung

Um junge Menschen besser in den politischen Prozess einzubinden, reicht es nicht aus, lediglich auf schulische Bildung und Social Media zu setzen. Neue Formen des Lernens sind notwendig, in denen Demokratie und Verantwortung aktiv erlebt werden können. Lokale Bürgerinitiativen und kommunale Projekte, wie etwa Jugend-trifft-Politik-Veranstaltungen, bei denen Jugendliche mit Lokalpolitikern in den direkten Dialog treten, könnten eine Möglichkeit sein. Diese Projekte, die bestenfalls an neutralen Orten wie Jugendzentren oder Schulen stattfinden, sollten als Lernorte für Demokratie fungieren, wo junge Menschen direkt in Entscheidungsprozesse eingebunden werden. Solche modernen Formate sowie auch Philosophie-, Diskutierkurse oder Planspiele bieten jungen Menschen die Möglichkeit, ihre Ansichten kritisch zu hinterfragen, gemeinsam Lösungen zu erarbeiten und demokratische Werte zu verinnerlichen.

6.5 Die Wahl-App

Der Wahl-O-Mat ist bei jungen Menschen etabliert. Viele junge Menschen probieren dieses Tool aus. 50 % der quantitativ Befragten gaben es als Informationsquelle für ihre Wahlentscheidung an. Es ist also naheliegend, sich auch über eine Wahl-App in Deutschland Gedanken zu machen. Der Fokus sollte vermehrt daraufgelegt werden, Jugendliche und junge Erwachsene mit modernen und attraktiven Lösungen (wie etwa dem Wahl-o-Mat oder Wahl-Apps) abzuholen. Dadurch werden die „digitalen Räume" junger Menschen gezielt bespielt und man spricht sie direkt an. Auch hier können Länder wie Estland Vorbilder sein, die bereits seit über einem Jahrzehnt umfassende Daten darüber sammeln, wie nicht nur junge Menschen zu derartigen modernen und digitalen Lösungen stehen. Solche Untersuchungen benötigt es dringend in Deutschland, um die Teilhabemöglichkeiten junger Menschen zu fördern. So könnte zunächst auf lokaler Ebene die Annahme, das Nutzungsverhalten und die Handhabbarkeit einer Wahl-App getestet und erste Einschätzungen zu den Voraussetzungen und möglichen Hürden einer flächendeckenden Umsetzung geliefert werden.

6.6 Analoges Engagement

Während digitale Medien eine wichtige Rolle spielen, sollte nicht vergessen werden, dass analoges Engagement entscheidend ist, um Menschen direkt zu involvieren. Die schon beschriebenen Initiativen sowie auch lokale Bürgerforen bieten Raum für intensiven Austausch und die Entwicklung von gemeinsamen Lösungen. Junge Menschen müssen erleben, dass ihre Stimme zählt – nicht nur online, sondern auch im direkten Kontakt mit ihren Mitmenschen. Es ist wichtig, diese analogen Formate zu fördern. Gleichzeitig bleibt aber auch relevant, digitale Kompetenzen (sog. Digital Literacy) weiter im Blick zu behalten und auszubauen, um sicherzustellen, dass junge Menschen im digitalen Raum reflektiert und kritisch agieren können.

6.7 Quo Vadis – was in Zukunft relevant sein wird

Während westdeutsche Politik oft als elitär und stark von etablierten Parteien geprägt wahrgenommen wird, bietet die ostdeutsche, lokal verankerte Politik bereits einige vielversprechende Ansätze, die national ein Vorreiter sein können. Die starke Bürgerbeteiligung auf lokaler Ebene zeigt, dass Menschen aktiv Verantwortung übernehmen wollen. Die Dezentralisierung politischer Entscheidungen verbunden mit anderen beschriebenen Maßnahmen könnte auch im Westen zu mehr Engagement und Bürgernähe führen.

Auch von internationalen Konzepten sollte man lernen, denn diese sind in einigen Bereichen bereits weiter. Ihre deliberativen Ansätze und partizipativen, digitalen Lösungen sollten als Vorbild dienen, um auch in Deutschland zukunftsfähige politische Strukturen zu schaffen.

Politik muss also neu gedacht werden, um politisches Engagement unter jungen Menschen (wieder) zu stärken. Die moderne Demokratie von morgen muss innovativ, transparent und partizipativ sein – und Menschen in ihrer Vielfalt einbeziehen.

Das Institut für Generationenforschung 7

Das Institut für Generationenforschung ist eines der führenden deutschen Institute für Generationenforschung. Das Institut beschäftigt Wissenschaftler aus Psychologie, Soziologie, Philosophie, Ingenieur- und Wirtschaftswissenschaft, die national und international zu verschiedenen Alterskohorten, Generationen, sozialen Gruppen und Trends forschen.

Das Institut für Generationenforschung fördert durch seine Forschungsergebnisse das Verständnis zwischen den Generationen mit dem Ziel eines erfolgreichen Miteinanders und einer generationengerechten und nachhaltigen Zukunft.

Wirtschaft, Politik, Kultur und Wissenschaft greifen auf die Forschungen, Studien, Beratung, Keynotes und Workshops des Instituts für Generationenforschung zurück.

Was Sie aus diesem *essential* mitnehmen können

- Ergebnisse und Erklärungen, die die Veränderung des Wahlverhaltens junger Wähler erklären, von der Verantwortungsübertragung auf den Staat über Unzufriedenheit mit der aktuellen Politik bis hin zu den Einflüssen von Social Media.
- Methodische Herangehensweise des Mixed-Methods-Ansatzes, der qualitative und quantitative Methoden in Form der Methodentriangulation verbindet, um ein umfassendes Verständnis für den jeweiligen Forschungsgegenstand zu erhalten.
- Handlungsempfehlungen, die jungen Menschen mehr Selbstwirksamkeitserlebnisse, Mitspracherecht und Möglichkeiten zur aktiven Beteiligung bieten und sie womöglich zu demokratischeren Demokratinnen und Demokraten macht.

Literatur

Beck, A. T. (1976). *Cognitive therapy and the emotional disorders.* International Universities Press.
Deci, E. L., & Ryan, R. M. (2013). *Intrinsic motivation and self-determination in human behavior.* Springer Science & Business Media.
Decker, O. (2018). Flucht ins Autoritäre. In O. Decker & E. Brähler (Hrsg.), *Flucht ins Autoritäre: Rechtsextreme Dynamiken in der Mitte der Gesellschaft: Die Leipziger Autoritarismus-Studie 201* (S. 15–64). Psychosozial-Verlag.
Deutsche Rentenversicherung. (2024). *Rentenangleichung Ost-West.* https://www.deutsche-rentenversicherung.de/SharedDocs/FAQ/Rentenangleichung_Ost_West/Rentenangleichung_Ost_West_Liste.html. Zugegriffen: 29. Aug. 2024.
Diekmann, A. (2007). *Empirische Sozialforschung. Grundlagen, Methoden, Anwendungen* (15. erw. Aufl.). Rowohlt Taschenbuch.
Flick, U. (2001). *Triangulation. Eine Einführung* (3. Aufl.). Verlag für Sozialwissenschaften.
Flick, U.; von Kardoff, E., & Steinke, I. (2022). *Qualitative Forschung. Ein Handbuch* (14. Aufl.). Rowohlt Taschenbuch.
Hans-Böckler-Stiftung (2024). *Die ökonomische und soziale Situation Ostdeutschlands.* https://www.boeckler.de/de/auf-einen-blick-17945-die-okonomische-und-soziale-situation-ostdeutschlands-17949.htm. Zugegriffen: 29. Aug. 2024.
Hertel, F. R., & Esche, F. (2019). Die rechte Mitte?: Zur Rolle objektiver Position und subjektiver Verunsicherung für die Identifikation mit rechten Parteien. In C. Lübke & J. Delhey (Hrsg.), *Diagnose Angstgesellschaft?: Was wir wirklich über die Gefühlslage der Menschen wissen* (S. 255–286). Transcript Verlag.
Jick, T. (1983). Mixing Qualitative and Quantitative Methods: Triangulation in Action. In J. van Maanen (Hrsg.), *Qualitative Methodology* (S. 135–148). Thousand Oaks, New Delhi, Sage.
Kelle, U. (2014). Mixed Methods. In: Baur, N., Blasius, J. (Hrsg.), *Handbuch Methoden der empirischen Sozialforschung.* Springer.
Kohlrauch, B., & Höcker, L. M. (2020). Ursachen für rechtspopulistische Einstellungen. Ein Überblick über den Forschungsstand. In: *Working Paper Forschungsförderung* (178).
Koppetsch, C. (2019). *Die Gesellschaft des Zorns. Rechtspopulismus im globalen Zeitalter.* Transcript Verlag.

Kubiak, D. (2018). Der Fall „Ostdeutschland": „Einheitsfiktion" als Herausforderung für die Integration am Fallbeispiel der Ost-West-Differenz. In: *Zeitschrift für Vergleichende Politikwissenschaft* 12(1), 25–42, https://doi.org/10.1007/s12286-017-0372-7.

Kuckarzt, U. (2014). *Mixed Methods. Methodologie, Forschungsdesigns und Analyseverfahren*. Springer.

Lengfeld, H. (2017). Die „Alternative für Deutschland": Eine Partei für Modernisierungsverlierer? *Kölner Zeitschrift für Soziologie und Sozialpsychologie*, 69(2), 209–232.

Maas, H. (2023). *Best-Ager-Marketing: Wie man die Zielgruppe 50plus verstehen und erreichen kann*. Haufe-Lexware.

Maas, R. (2021a). *Generation lebensunfähig: Wie unsere Kinder um ihre Zukunft gebracht werden*. MVG Münchner Verlagsgruppe.

Maas, R. (2021b). *Cyberpsychologie in der Arbeitswelt. Was Führungskräfte über die Auswirkungen des Internetkonsums wissen müssen*. Hanser.

Maas, R., & Perret, E. (2022). *Wie ich mit Kindern über Krieg und andere Katastrophen spreche: Der Ratgeber für Erziehende, Lehrpersonen und Pädagogen*.

Maas, R. (2023). *Generation Z für Personalmanagement und Führung: Ergebnisse der Generation-Thinking-Studie*. Carl Hanser Verlag GmbH Co KG.

Maas, R. (2023). *Glücklich durch Frust: Warum Langeweile und Widerstände unsere Kinder stark machen*. GRÄFE UND UNZER.

Maas, R. (2024a). *Generation arbeitsunfähig: Wie uns die Jungen zwingen*. Arbeit und Gesellschaft jetzt neu zu denken: Goldmann Verlag.

Maas, R. (2024b). *Konflikt der Generationen: Boomer, Gen X, Millennials und Gen Z - Wie wir uns wirklich unterscheiden und was das für unsere Zukunft*. Yes Verlag.

Maas, R., Zierer, K., & Montag, C. (2024). *Das Digital-Dilemma: Was für die Entwicklung unserer Kinder heute wichtig ist*. Kallmeyer.

Merkel, W. (2016). Bruchlinien Kosmopolitismus, Kommunitarismus und die Demokratie. *WZB Mitteilungen* (12), 11–14.

Pollack, D. (1998). Ostdeutsche Identität – ein multidimensionales Phänomen. In: H. Meulemann (Hrsg.), *Werte und nationale Identität im vereinten Deutschland. Erklärungsansätze der Umfrageforschung*, (S. 301–318). Opladen.

Reckwitz, A. (2018). *Die Gesellschaft der Singularitäten. Zum Strukturwandel der Moderne*. Suhrkamp.

Reiser, M., Küppers, A., Brandy, V., Hebenstreit, J., & Vogel, L. (2023). *Politische Kultur und Arbeitswelt in Zeiten von Polykrise und Fachkräftemangel. Ergebnisse des THÜRINGEN-MONITORs 2023*. Friedrich-Schiller-Universität Jena, Institut für Politikwissenschaft; KomRex – Zentrum für Rechtsextremismusforschung, Demokratiebildung und gesellschaftliche Integration.

Rippl, S.; Buntfuß, N.; Malke, N.; Rödel, N., &Schubert, L. (2018). Ostdeutsche Identität: Zwischen medialen Narrativen und eigenem Erleben. In: *Deutschland Archiv*. https://www.bpb.de/themen/deutschlandarchiv/269349/ostdeutsche-identitaet/. Zugegriffen: 29. Aug. 2024.

Schönian, V. (2020). *Ostbewusstsein. Warum Nachwendekinder für den Osten streiten und was das für die Deutsche Einheit bedeutet*. Piper-Verlag.

Schulz, D. (2018). *Das begann erst nach der Wende, Interview mit Raj Kollmorgen*. In: TAZ, 29.6.2018. https://taz.de/Soziologe-ueber-ostdeutsche-Identitaet/!5516855/. Zugegriffen: 29. Aug. 2024.

Seligman, M. E. (1972). Learned helplessness. *Annual Review of Medicine,* 207–412.
Statista. (2023). *Anteil der Nutzer von Social-Media-Plattformen nach Altersgruppen in Deutschland im Jahr 2023.* https://de.statista.com/statistik/daten/studie/543605/umfrage/verteilung-der-nutzer-von-social-media-plattformen-nach-altersgruppen-in-deutschland/. Zugegriffen: 3. Sept. 2024.
Vehrkamp, R., & Wegschaider, K. (2017). *Populäre Wahlen. Mobilisierung und Gegenmobilisierung der sozialen Milieus bei der Bundestagswahl 2017.* Bertelsmann Stiftung.
Vogel, L., & Leser, J. (2020). Ostdeutsche Identität(en) im Wandel? Perspektiven für Intra- und Interkohortenvergleiche. In: *Zeitschrift für Vergleichende Politikwissenschaft, 14,* 171–197. https://doi.org/10.1007/s12286-020-00459-0.
Zentrum für Sozialforschung Halle e. V. (2024). *Deutschland-Monitor '23. Gesellschaftliche und politische Einstellungen. Themenschwerpunkt: Stadt und Land.* Berlin, Halle (Saale), Jena und Mannheim.
Zick, A., Küpper, B., & Mokros, N. (2023). *Die distanzierte Mitte. Rechtsextreme und demokratiegefährdende Einstellungen in Deutschland 2022/23.* für die Friedrich-Ebert-Stiftung v. Franziska Schröter (Hrsg.). Verlag J.H.W. Dietz.
Zürn, M. (2016). Jenseits der Klassenfrage. Neue Konfliktlinien zeigen sich in Europa, der Türkei und Amerika. *WZB Mitteilungen,* (154), 7–10.